Antje Doll

Endlich reden

Frauen von alkoholabhängigen
Männern berichten

Piper
München Zürich

ISBN 3-492-11422-9
August 1992
R. Piper GmbH & Co. KG, München
Lizenzausgabe mit Genehmigung des Verlags am Galgenberg, Hamburg
© Verlag am Galgenberg, Hamburg 1990
Umschlag: Federico Luci,
unter Verwendung eines Gemäldes von David Levinson
(mit freundlicher Genehmigung des Künstlers)
Photo Umschlagrückseite: Wolf-Dietrich Turné
Satz: Axel Eiling, Kaufungen
Druck und Bindung: Clausen & Bosse, Leck
Printed in Germany

Inhaltsverzeichnis

VORWORT

Man muß davon ausgehen, daß fünf bis sieben Prozent der bundesdeutschen Bevölkerung alkoholabhängig sind, das sind ca. drei bis vier Millionen Personen. Die Tendenz ist steigend. Angaben über die Dunkelziffer schwanken, aber es ist anzunehmen, daß sehr viel mehr Menschen alkoholgefährdet oder alkoholabhängig beziehungsweise suchtmittelgefährdet oder suchtmittelabhängig sind, ohne statistisch auffällig zu werden. Nicht jeder Alkoholabhängige begibt sich in ärztliche Behandlung, gibt offen den Alkoholmißbrauch, geschweige denn die Sucht zu oder beantragt gar eine Entwöhnungsbehandlung. Ich habe in offenen Selbsthilfegruppen häufig Abhängige kennengelernt, die offiziell weder eine Entgiftung noch eine Entwöhnungsbehandlung im Krankenhaus durchlaufen hatten und allein mit Hilfe der Gruppe aus dem Kreislauf der Sucht ausbrachen.

Konkret: Wenn Sie während des Berufsverkehrs in einen vollbesetzten Bus steigen, ist unter den Fahrgästen garantiert ein alkoholabhängiger Mensch. Vorausgesetzt, daß ein Alkoholabhängiger eingebunden in ein familiäres und soziales Netz lebt, müßten in dem Bus etwa sieben bis dreißig Personen sitzen, die mehr oder minder direkt mit dieser Krankheit und ihren Folgen zu tun haben – Partner, Kinder, Eltern, Geschwister, Nachbarn, Freunde, Bekannte, Arbeitskollegen, Sachbearbeiter der Krankenkasse und des Rentenversicherungsträgers, Polizisten, Rechtsanwälte, Staatsanwälte, Richter, Ärzte, Physiotherapeuten, Psychologen, Sozialarbeiter, Erzieher und Pflegepersonal. Es liegt auf der Hand, daß die Zahl der vom Alkoholismus wirklich betroffenen Menschen die oben genannten Millionen um ein Vielfaches übersteigt.

Alkoholismus ist weder allein ein gesellschaftliches noch ein lediglich individuelles Problem. Es gibt ihn in jeder Gesellschaftsschicht; er ist weder geschlechtsspezifisch noch ausschließlich abhängig von Faktoren wie Einkommen, Ausbildung, sozialem Umfeld, besonderen persönlichen Belastungen oder individueller Veranlagung. Vielmehr handelt es sich in jedem einzelnen Fall um eine spezielle, ungünstige Konstellation von gesellschaftlichen und persönlichen Bedingungen.

Trotz der Brisanz des Themas ist eine offene, entspannte und wertfreie Diskussion über Alkoholkonsum und Alkoholismus hierzulande noch kaum möglich. Ich selbst bin oft spontan auf die Problematik angesprochen worden. Meine Gesprächspartner hatten ein starkes Bedürfnis, über das, was sie mit Angehörigen erlebten, zu reden; gleichzeitig jedoch erbaten sie mein Schweigen. Sie wollten das Gesagte aus Scham oder Unsicherheit zurücknehmen, oder aber sie fühlten sich schuldig beziehungsweise mitschuldig am Trinkverhalten des Angehörigen. Außerdem berührt jedes Gespräch über Alkoholismus Aspekte des eigenen Alkoholkonsums oder anderer süchtiger Verhaltensweisen. Es wirkt verunsichernd und beängstigend, da möglicherweise die eigene Person und Lebensweise in Frage gestellt werden. Offene Auseinandersetzungen verbieten sich auch insofern, als Alkohol sich einer hohen gesellschaftlichen Akzeptanz erfreut. Bei bestimmten Anlässen wird er regelmäßig zur Auflockerung der Atmosphäre eingesetzt. Immer noch werden diejenigen anerkannt, die sich als trinkfest erweisen, während denjenigen, die nicht oder kaum trinken, Ironie und Skepsis entgegengebracht werden. Immer noch gelten die, die viel trinken – ohne unangenehm, unkontrolliert und distanzlos zu werden – als besonders lustig und gesellschaftsfähig, während man die Abstinenzler zu Moralaposteln abstempelt. Immer noch braucht, wer nicht trinken will, eine Legitimation wie zum Beispiel: »Ich bin mit dem Auto da.«

Doch so wenig wie das Nichttrinken akzeptiert wird, so wenig wird das Zuvieltrinken akzeptiert, wenn der Trinkende gesellschaftliche Normen und Konventionen verletzt, sich unanständig, laut, aggressiv, wehleidig oder, in sich selbst versunken, stumm verhält. Die gesellschaftliche Regel heißt: Du mußt trinken können. Wer nicht mehr trinken kann, das heißt, wer seinen Alkoholkonsum und dessen Folgen nicht unter Kontrolle hat, fällt durch das Raster gesellschaftlicher Wertschätzung. Immer noch herrschen die alten Vorurteile: Ein Trinker sei ein willensschwacher, charakterloser Mensch, oder Alkoholismus sei eine Erbkrankheit. Auch deshalb dauert es sicher oft so lange, bis Angehörige endlich über ihre Situation reden und damit den ersten Schritt zur Veränderung machen.

In der Therapie des Alkoholismus hat man in den letzten zwanzig Jahren viele Erfahrungen gesammelt. Von rein verhaltenstherapeutischen Konzepten, die sich auf den Einzelnen und seinen Alkoholmißbrauch konzentrieren, ist man mehr und mehr abgekommen. Inzwischen hat die Erkenntnis, daß dem Alkoholismus vielerlei Ursachen zugrunde liegen, auch die therapeutischen Angebote vermehrt. Es ist heute unbestritten, daß erst eine direkt an die Therapie anschließende Nachsorge sowie eine umfassende Einbindung des familiären und sozialen Umfelds die therapeutischen Bemühungen effizient werden lassen. Dennoch mangelt es an betreuten Wohngemeinschaften für Alkoholkranke, und die Angehörigenarbeit ist ungenügend.

Zwar werden in speziellen Fachkliniken sogenannte Familienseminare angeboten, aber sie decken nur einen winzigen Teilaspekt der therapeutisch sinnvollen und notwendigen Arbeit ab. Während der Abhängige sechs, zwölf oder fünfzehn Monate auf Therapie zubringt, werden dem Angehörigen zwei oder drei Termine – das sind maximal fünfzehn Stunden – zur Mitarbeit angeboten. Das dies nicht genügen kann, ist augenscheinlich. Abhängiger und Angehöriger entwickeln sich, getrennt voneinander, vollkommen ungleich. Die so entstehende Kluft zwischen beiden erschwert Rehabilitation und Reintegration, sie führt zu einem erhöhten Rückfallrisiko. Immer noch fehlt es an ganzheitlichen Ansätzen. Immer noch fehlt es an gezielten Beratungs- und Therapieangeboten für Angehörige. Noch werden keine professionellen Helfer speziell für Angehörigenarbeit im Suchtbereich ausgebildet. Noch bezahlt kein Rentenversicherungsträger, keine Krankenkasse und kein Sozialhilfeträger den Angehörigen die dringend benötigten psychologischen Therapien oder Beratungen. Angehörigenarbeit wird nach wie vor den Pionieren in der Suchtkrankenhilfe, den Selbsthilfegruppen, überlassen. Doch auch sie können nur einen Teil der notwendigen Nachsorge abdecken, denn ihre Aufnahmekapazitäten sind beschränkt, und ihre Hilfsangebote erreichen nur einen bestimmten Teil der Bedürftigen.

Mein Interesse an den speziellen Problemen von Angehörigen ist während meiner eigenen langjährigen Teilnahme an Selbsthilfegruppen von Alkohol- und Medikamentenabhängigen entstanden. Besonders bei Frauen, Partnerinnen von Suchtmittelabhängigen, fiel mir auf, daß sie in spannungsträchtigen Situationen oft klein beigaben und ihre Interessen zugunsten der Partner zurückstellten. Warum verhielten sie sich so? Fühlten sie sich damit wohl, oder hatten sie eigentlich ganz andere Wünsche? Gab es einen Zusammenhang zwischen diesem Verhalten und traditionellen Rollenverteilungen?
Im Gruppengeschehen der Selbsthilfegruppen und therapeutisch angeleiteten Gruppen erfuhr ich immer wieder, wie es zwischen den Partnern zu Mißtrauen, Feindseligkeiten, Haß und unfaßbaren Ängsten kam. Scheinbar urplötzlich war eine riesige Kluft aufgerissen, die beide für unüberwindbar hielten. Großes Unverständnis gegenüber dem anderen und seinen Empfindungen begleitete die ausbrechenden Gefühle: Gefühle des Abstands, die einen Wunsch nach Abgrenzung und Trennung ahnen ließen. Dabei gingen beide Seiten offensichtlich mit derselben Taktik vor: die andere moralisch unter Druck zu setzen, ihr jegliche Kompetenz abzusprechen, da sie nicht in der gleichen Situation gewesen sei und also nicht nachempfinden

könne. Sätze wie *Du kannst mich nicht verstehen, du hast das ja nicht mitgemacht!* fielen immer wieder.

An diesem Punkt der Auseinandersetzung war es egal, was genau gemeint war: das Erleiden des aktuellen Suchtdrucks oder der Entzugserscheinungen beim Abhängigen oder das nüchterne Erleben des berauschten Partners, die Schwere der zu tragenden Last und Verantwortung beim Angehörigen. Während der Abhängige unter dem physischen und psychischen Druck und der Unerträglichkeit seines Suchtalltags litt, trug der Angehörige die Last der Trauer, des Mitleids, des Schmerzes, der Hoffnungslosigkeit, der Einsamkeit und der Ängste.

Für mich stellte sich die Frage, wie diese Beziehungen, die mit so vielen Schwierigkeiten belastet schienen, so lange bestehen bleiben konnten, warum sich die Frauen nicht früher von ihren Partnern getrennt hatten. Ich erlebte, daß an den kritischen Punkten der Auseinandersetzungen, da, wo es um die ureigenen Interessen jedes einzelnen ging, oftmals versucht wurde, den Streit zu schlichten und zu harmonisieren, als hieße das Aufspüren von Gründen und Ursachen der immer wiederkehrenden Konflikte, an einem Tabu zu rütteln. Mir war, als herrsche eine Art Schweigepflicht, die beiderseits in stillem Einvernehmen eingehalten wurde. Meines Erachtens trafen sich die Frauen und Männer hier an den Punkten, an denen jeder sich allein gelassen und vernachlässigt fühlte und die sie unbewußt als Gefährdung für das Gleichgewicht der Beziehung empfanden. Was war es, das die Paare trotz aller Unterschiedlichkeiten, gegenseitiger Schuldvorwürfe oder Aggressionen so stark miteinander verband?

Im Sommer 1987 ging ich auf Freunde, Bekannte und Mitglieder von Selbsthilfegruppen zu und erzählte ihnen von meinem Interesse, den eben skizzierten Fragen nachzugehen. Ich bat sie, mir mit ihren Geschichten zu Antworten zu verhelfen. Von etwa vierzig potentiellen Gesprächspartnern, die sich an meinen Ideen interessiert gezeigt hatten, blieben jedoch nur sieben, die wirklich bereit waren, sich mit mir und meinem Kassettenrekorder zusammenzusetzen. Es waren ausschließlich Frauen! Die Männer, die ich ansprach, wichen mir aus. Zum Teil erklärten sie, sie seien mit ihrer Geschichte noch nicht fertig oder sie hätten Angst vor erneut aufbrechenden Gefühlen. Auch einige Frauen wagten nicht, den Schritt zu tun und in einem intimen Rahmen zu wiederholen, was sie unter Umständen seit Jahren in die Selbsthilfegruppe brachten oder still mit sich herumschleppten.

Ich vermute, daß sie ein Gespräch unter vier Augen auch deshalb fürchteten, weil es konzentrierter und intensiver ist. Weil es Schwachstellen im Selbstbild allzu deutlich offenlegen oder bis dato Unbewältigtes zu Tage fördern könnte, ohne Ausweichmöglichkeiten zu bieten, wie sie sich im unverfänglichen Gespräch zu mehreren noch ergeben. Darüber hinaus sehe ich in dieser Scheu vor einem Zwiegespräch – besonders seitens der Männer – ein Verhalten, das die gesellschaftliche Wertung von Alkoholismus widerspiegelt: Wenn man schon nicht über Alkoholismus und die damit im Zusammenhang stehenden Probleme spricht, so spricht Mann noch viel weniger darüber. Es werden höchstens Witze gemacht, oder man lästert hinter vorgehaltener Hand.

Alkoholismus ist nicht gesellschaftsfähig. Die Kranken und die Mitbetroffenen müssen sich immer noch in die privaten Ecken und heimlichen, anonymen Nischen der Selbsthilfegruppen zurückziehen. Mit einem öffentlichen Bewußtsein für das Problem Alkoholismus würde ja auch die – bereits erwähnte – große Akzeptanz des Alkohols erheblich angekratzt: Wer kann sich schon eine Einweihung ohne Bier, ein Jubiläum ohne Sekt, ein Menü ohne Wein oder ein fettes Essen ohne Verdauungsschnaps vorstellen? Wer mag auf die leicht euphorisierende, entspannende oder enthemmende Wirkung des Alkohols verzichten? Die Grenzen zwischen gewöhnlichem, alltäglichem Trinken und ungewöhnlichem, süchtigem Verhalten sind fließend. Und gerade weil sie so schwer zu bestimmen sind, weil jeder Alkoholtrinkende Angst haben muß, bei sich selbst Abhängigkeiten festzustellen, die er nicht wahrhaben möchte, werden offene, persönliche Gespräche vermieden. Dies läßt sich ohne Schwierigkeiten auf alle Suchtformen übertragen. In manchen Kreisen sind bestimmte Suchtformen (Kaufen, Naschen, Essen, Spielen und Schnupfen) »in«. Allerdings nur, solange sie nicht zum Problem werden, solange sie nicht darauf hinweisen, daß jemand leidet und mit den familiären, zwischenmenschlichen und gesamtgesellschaftlichen Beziehungsformen einer hochindustrealisierten Dienstleistungsgesellschaft nicht zurechtkommt.

Trotz aller Schwierigkeiten, offene Gesprächspartner zu finden, hielt ich an meinem Vorhaben, besonders an meinem Interesse für die betroffenen Frauen, fest und zeichnete schließlich Interviews mit den genannten sieben Frauen auf. Das daraus hervorgegangene umfangreiche Textmaterial bildet den Grundstock dieses Buches.
Die hier abgedruckten Erzählungen sind von mir thematisch gegliederte und teilweise aus dem Umgangssprachlichen in einen Erzählstil umgesetzte Zusammenfassungen narrativer Interviews. Zu Beginn des jeweiligen Gesprächs stellte ich relativ offene Fragen, die den Frauen einen freien Redefluß ermöglichten. So hatten sie die Chance, auf das ihnen wirklich Wichtige einzugehen und ihre eigenen Erklärungsmodelle vorzustellen. Auf diese Weise sind authentische Bilder von den Lebenssituationen, wie sie die Frauen subjektiv erlebten oder auch noch erleben, entstanden.
Die Frauen erzählen von ihrem Alltag, vom damaligen und heutigen. Sie schildern, wie sie die Sucht des Partners allmählich erkannten und welche Gefühle sie auf diesem Weg begleiteten. Sie sprechen über ihre Vorstellungen vom jetzigen Leben, über ihre Wünsche, Träume, Ängste und Hoffnungen.

Jede dieser sieben Lebensgeschichten ist einmalig und individuell. Dennoch liegt in ihrer Einzigartigkeit und scheinbaren Unterschiedlichkeit etwas, das sie alle miteinander verknüpft und die folgenden Fragen in den Mittelpunkt rückt: Was auf der einen Seite macht die Lebenssituation so unerträglich, und was auf der anderen Seite läßt die Beziehung so relativ stabil erscheinen? Warum bleiben die Frauen so lange bei ihrem Partner und leiden mit ihm? Wovon können die Frauen sich trennen? Welche Veränderungen beobachten sie im Laufe der Zeit an sich selbst und an ihren Partnern? Erleben sie selbst eine Form von Abhängigkeit?

Die Frauen, die sich zu den Interviews bereit gefunden hatten, begannen über etwas zu sprechen, was sie lange verschwiegen hatten. Oftmals ein schwieriger Prozeß, denn mehrfach wurden Punkte berührt, die – obwohl vielleicht schon Jahre seit der akuten Trinkphase vergangen waren – die Frauen schmerzten, sie stocken oder sogar weinen ließen. Andererseits gewannen sie mit der Suche nach treffenden Worten und passenden Beispielen an Klarheit über das, was sie konkret bedrückte oder ängstigte. Und das Reden verschaffte ihnen Erleichterung, wie sie selbst am Ende der Gespräche betonten.

Letztendlich erzählten die Frauen ihre Geschichten auch deshalb, weil sie sich, ihre Probleme, ihre Wege und ihre Lösungsmöglichkeiten mitteilen wollten. Ich glaube, daß sie damit Verständnis für die einzigartige Lebenssituation Angehöriger von Suchtmittelabhängigen wecken beziehungsweise überhaupt erst ermöglichen. Und ich hoffe, daß diese Geschichten betroffenen Lesern(innen) helfen, sich leichter in die eigene Situation einzufinden, sie klarer erblicken und bewerten zu können.

ENDLICH REDEN

Es hieß schon zu Hause immer:
»Die Riecke macht das schon!«

Regina R. (43), verheiratet, bewohnt mit Mann (50) und Tochter (17) ein eigenes Haus in einer Vorstadtsiedlung. Seit zwölf Jahren ist sie bei einem mittelständischen Betrieb als Schreibkraft angestellt. Sie nahm die Arbeit auf, als aufgrund eines längeren Haftaufenthaltes ihres Mannes die finanzielle Absicherung von Familie und Haus nicht mehr gewährleistet war. Heute möchte sie ihre Berufstätigkeit und die ihr daraus erwachsende Selbständigkeit nicht mehr missen. Seit anderthalb Jahren besucht Frau R., teilweise zusammen mit ihrem Mann, eine Selbsthilfegruppe.

Es hat lange gedauert, bis ich überhaupt erkannt habe, was los ist. Getrunken hat er ja schon, als wir uns kennenlernten. Das gehörte eben dazu. Feste wurden gefeiert, wie sie fielen. Nur er konnte kein Ende finden. Er mußte immer der letzte sein. Wenn wir irgendwo zu Freunden fuhren, hieß es immer zuerst: »Heute abend fährst du!«
Solange er nicht mehr als 1,2 Promille hatte, ließ er mich auch fahren. Aber wenn er sein Quantum erreicht hatte, war er der Große, der Starke, dann hieß es: »Gib die Autoschlüssel her, ich fahre.« – Er mußte sich beweisen. Ob ich wollte oder nicht. Das war dann für mich immer eine Zitterpartie, zumal ich auch Angst hatte, das auch ich meinen Führerschein verlieren würde. Dann hätten wir beide alt ausgesehen. Und es wurde zunehmend schlimmer. Sogar seine Freunde rückten von ihm ab. »Mit deinem Mann zu trinken, das bringt nichts mehr. Ewig gibt es Stänkereien mit ihm. Das paßt uns nicht.«
Das bedrückte mich sehr, denn bis dahin hatte er immer im Mittelpunkt gestanden, und nun wollten sie ihn nicht mehr.

Sie zogen sich alle von ihm zurück, das hat natürlich auch er gemerkt. Dann mußte er für längere Zeit ins Gefängnis, und ich begann zu arbeiten. Vor dem Gefängnisaufenthalt ist er richtig abgerutscht.

So richtig klar geworden ist es mir eines Morgens auf dem Weg zur Arbeit. Plötzlich schoß mir der Gedanke durch den Kopf. So wie er trank, das war nicht normal. Er konnte nicht den ganzen Abend bei einem Glas Wein sitzen so wie ich. Das Glas mußte immer gleich nachgeschenkt werden. Es war ein hastiges Trinken. Er brauchte das Zeug, den Sprit. Ich hätte heulen mögen. Ich mußte mich wahnsinnig zusammenreißen, denn ich hatte nur noch fünf Minuten bis zur Arbeit. Wenn ich dort erzählt hätte, was bei mir zu Hause los ist, ich hätte sofort meine Papiere gekriegt. Verständnis war nicht zu erwarten.

Seitdem hatte ich es sehr schwer, denn ich konnte sein Trinken nicht länger damit verdrängen, daß andere auch trinken.

Ich weiß nicht wie, aber irgendwie habe ich es geschafft. Vielleicht war es gut, daß ich meine Arbeit hatte. Obgleich die Gefängniszeit mit Sicherheit kein Zuckerschlecken war. Aber wenn dein Mann von Montag bis Freitag jeden Abend besoffen ist, wenn du jeden Abend nach der Arbeit auf seinen Telefonanruf wartest, um ihn aus der Kneipe zu holen, und wenn du dann noch weißt, daß er dich schlägt, wenn du es nicht tust, oder daß er besoffen fährt und erwischt werden kann, dann kannst du nur noch kotzen. Zumal er am Wochenende noch auf der Couch rumliegt und den liebenden Vater und Ehemann spielt.

Als er dann im Gefängnis war, begann ich aufzuatmen. Ich habe mir gesagt: »Egal, wie das wird, wie schwer die Zeit auch werden mag, du schaffst das.«

Und ich habe ruhiger gelebt.

Ich mußte arbeiten und hatte gar keine Zeit, Gedanken an früher zu verschwenden. Ich verdrängte alles und bildete mir ein, wenn der Schnaps wegkommt, dann haben wir keine Probleme. Ich habe die Probleme nur auf den

Schnaps geschoben. Ich hatte nämlich immer gedacht, er säuft aus Langeweile. Wenn er eine Beschäftigung hätte, bräuchte er das Zeug nicht. Daß Trinken eine regelrechte Sucht ist, habe ich erst später in der Selbsthilfegruppe gehört

Daß ich ihm entgegengekommen bin, ihn aus der Kneipe abgeholt habe, war ein großer Fehler. Ich hätte von Anfang an stur sein sollen. Er hätte ja auch ein Taxi nehmen können.

Vielleicht wäre er dann zehn Jahre früher aufgewacht. Oder nie. Im Grunde genommen hat meine Haltung das Ganze hinausgezögert.

Als wir vier Jahre verheiratet waren, habe ich einmal versucht die Scheidung einzureichen. Ich bin wieder zu meinen Eltern gezogen, hatte auch 'ne Putzstelle. Aber er hat immer wieder versucht, mich zurückzuholen. Im Grunde genommen hatte ich hier bei ihm mehr Ruhe als bei meinen Eltern. Weil er mir ständig aufgelauert hat. Egal, was ich gerade gemacht habe – da war er! Ich konnte gar nicht mehr Luft holen, ohne daß er da war. Das fand ich noch viel bedrückender.

Schließlich habe ich mir einfach die Frage gestellt: Was willst du wirklich? Und da bin ich zu der Entscheidung gekommen, ich will hier bleiben, egal, was kommt. Und danach lebe ich. Wir haben ja auch viel Schönes erlebt ... Und wir haben Spaß gehabt.

Es kommt eben auch darauf an, wie du es von zu Hause gewöhnt bist! Wie du groß geworden bist, oder? Ich bin hier drüben in N. (kleines Fischerdorf) aufgewachsen. So richtig behütet, alle Sorgen wurden von einem ferngehalten. Dort ist die Welt bis heute stehengeblieben. Zum Beispiel in der Lehre, da hatten wir auch welche aus der Stadt – da habe ich nur gedacht: Um Gottes willen, was ist mit denen los? In der Woche tanzen gehen und ins Kino. Das kannte ich nicht, das gab es nicht. Und mir hat auch nichts gefehlt.

Ich habe nicht ein einziges Mal mitbekommen, daß meine Eltern Probleme hatten, sich angeschrien haben oder irgend etwas. Sicher gab es da auch Schwierigkeiten oder Meinungsverschiedenheiten. Wir haben das bloß nicht mitgekriegt, wir Kinder. Ich habe gedacht, so etwas gibt es gar nicht. Wenn du verheiratet bist, darf es das gar nicht geben. So bist du groß geworden: nur immer alles ruhig, ruhig, ruhig. Und warum sollst du irgendwas ablehnen?

Als wir uns kennenlernten, war ich zweiundzwanzig und blöd bis zum Geht-nicht-mehr. Wie schlecht die Welt sein kann, habe ich nicht gewußt. Von zu Hause war ich es gewöhnt, daß mein Vater abends nicht da war. Er ist Fischer und war praktisch nur jeden zweiten Tag zu Hause. Am Abend gab's keinen Vater, der war auf See und Ende. Und wenn mein Mann abends mal nicht zu Hause war, dann dachte ich: Das ist normal.

Und als er dann anfing, krumme Dinger zu machen, habe ich denselben Fehler gemacht wie seine Mutter. Die hat nämlich, als er das erste Mal Scheiße gebaut hatte, alles für ihn gerade gebügelt, hat alles für ihn bezahlt. Jetzt war ich es, die die Sachen für ihn regelte. Ich habe Briefe geschrieben, Teilzahlungen vereinbart, bin zur Bank gegangen, habe alles erledigt. Wie seine Mutter. Und das war verkehrt.

Hoffnung? Ein Wahrsager hat mir gesagt, ich käme 1982 auf die Sonnenseite des Lebens. Da habe ich so richtig Mut gefaßt und habe gedacht: Siehste, nur noch bis '82! Also da war das Ende abzusehen. Der hat nicht gesagt, er stirbt oder so. Er hat nur gesagt, ich komme auf die Sonnenseite des Lebens. Eigentlich hieß Sonnenseite des Lebens damals für mich, er würde sterben ...

Wenn ich mir vorstelle, ich hätte diesen Aufhänger nicht gehabt, ich weiß nicht, wie lange ich durchgehalten hätte. Ob ich nicht auch irgendwann abgedreht und mir alles scheißegal gewesen wäre. Egal, wie die Sonnenseite jetzt aussieht. Für mich war es eben nur dieses Sterben.

Das ist natürlich auch eine Sonnenseite, daß er aufgehört

hat zu trinken. Auch wenn jetzt nicht alles rosig ist und wir im Grunde genommen mehr Probleme haben als vorher. Aber man kann doch über alles reden. Ich muß heute nicht mehr überlegen, mache ich den Mund auf oder nicht.

Heute lasse ich mich von ihm nicht mehr aus der Ruhe bringen. Ich stehe auf dem Standpunkt, wenn er nicht will, dann muß er es lassen. Wenn ich mit meiner Tochter beim Essen oder beim Kaffee sitze, und er will etwas, dann muß er kommen und das sagen. Er muß an mich Forderungen stellen, dann wärme ich ihm auch sein Essen auf. Je mehr ich ihn bedränge, desto eher sagt er: Mir ist alles scheißegal.
– Und wenn nämlich die Scheißegal-Stimmung wiederkommt, dann ist das Trinken auch nicht mehr weit. Dann kann ich ihn doch lieber in Ruhe lassen. Ich laß ihn brüllen, und ich weiß, er ist zufrieden. Für mich selbst muß ich eben sehen, was ich mache, wenn ich nicht mehr zufrieden bin. Aber ihn erdrücken ist auch nicht das Wahre.

Daß ich die Tränen unterdrücke, das habe ich eigentlich lange genug gemacht. Wenn meine Tochter zum Beispiel nicht merken sollte, wie es in mir aussah. Aber heute bin ich soweit, daß es mir egal ist. Wenn ich in der Küche stehe, und die Tränen laufen, dann laufen sie eben. Und wenn sie mich dann fragt: Was hast du denn? – Dann rede ich. Manchmal kann man ja gar nicht sagen, warum man eigentlich weint. Die Tränen kommen einfach, und dann laufen sie. Und die R. (sie selbst) möchte sich so gern einmal fallenlassen. Die möchte nur einmal so ganz und gar nicht. Nur, ob ich dann zufrieden wäre, weiß ich auch nicht. – Also irgendwie mußte ich immer die Starke sein. Auf jeden Fall bin ich durch diese ganze Misere wahnsinnig selbständig geworden. Was ich sonst mit Sicherheit nicht geworden wäre. Denn wenn ich mir mein behütetes Aufwachsen vor Augen führe – irgendwo wäre dann immer der Mann derjenige, welcher. Es hat etwas damit zu tun, daß ich nüchtern durch alles durch mußte – vielleicht bin ich dadurch heute auch hart. Oder reagiere eher gleichgültig. Diese Gleichgültigkeit paßt mir auch nicht.

Doch irgendwo brauche ich sie, um zu überleben. Denn dieses ›Fallenlassen‹, okay, danach sehne ich mich schon sehr. Aber wenn ich mir das genau vorstelle: Ich lasse mich jetzt fallen, oder ich hätte die Möglichkeit, mich fallen zu lassen – übermorgen, in vier oder spätestens acht Wochen wäre seine Trockenheit zu Ende. Dann müßte ich wieder anders. Davor habe ich Angst, daß ich das dann nicht mehr könnte. Deshalb sperrt sich etwas in mir gegen dieses totale ›Fallenlassen‹. Das Paradies auf Erden ist es auch nicht, so ganz ohne Sprit meinerseits. Ich würde gern mal ein Glas Wein trinken. Aber mir schmeckt es einfach nicht mehr. Ob du jetzt abhängig bist oder nicht, mir schmeckt kein Glas Wein mehr. Aber was soll's ...

Mein Mann wirft mir oft vor, ich müßte mehr Frau sein. Und das kann ich irgendwie nicht. Er erwartet, daß ich ihn bemuttere. Also immer nur für ihn da bin und alles für ihn tue. Damit müßte ich mich praktisch selbst aufgeben. Das will ich aber nicht mehr. Mir gefällt meine Selbständigkeit. Irgendwo gefällt sie mir schon.

Mit meinem Arzt habe ich viel darüber gesprochen, aber nie so richtig ernsthaft. Der war mir vor allem wichtig, wenn es um meine Tochter ging. Und dann war mein Mann auch einmal bei ihm. Da hat der Arzt zu ihm gesagt: Mußt ein Bier weniger trinken. – Also mit Ärzten habe ich wenig Erfahrungen gemacht. Das hört man ja auch immer wieder, daß die einfach zu wenig wissen.

Ein halbes Jahr lang bin ich in eine therapeutisch angeleitete Gruppe gegangen, habe dort jeden Mittwoch erzählt, wie die Woche war und was mich bedrückt. Zum Schluß gab es einen Abend zum Thema: Was ich dir noch sagen wollte! Und da wollte der Leiter uns jeden einzelnen beurteilen. Das konnte er nach einem halben Jahr bei mir nicht. Das fand ich schwach. Ich habe ihn nicht interessiert. Und wenn ich ihn nicht interessiere, was soll ich dann in der Gruppe? Ich habe noch einmal ein Vierteljahr verlängert. Dann habe ich gesagt: Ich steige aus. – Dann packe ich mich lieber im Sommer hier auf den Rasen und strecke alle Viere von mir. Da weiß ich, das tut mir gut. Ich war unheimlich enttäuscht, und das habe ich ihm auch gesagt. Er sollte uns als Nichtbetroffene doch ruhig ein bißchen härter anpacken. Uns kann man die Wahrheit doch ins Gesicht sagen, ohne daß man Angst haben muß, wir laufen zur nächsten Flasche! Wir würden nicht saufen oder einen Rückfall bauen. Und trotzdem: Betroffen sind wir eigentlich schlimmer als die Alkoholiker, denn wir haben alles nüchtern miterlebt.

Von der Selbsthilfegruppe hatte mir mein Mann erzählt. Er hatte die Adresse von jemandem bekommen, den er in der Justizvollzugsanstalt kennengelernt hatte. Er war mit zwei anderen in der Zelle, die ihn immer aufzogen, wenn sie zum Beispiel im Fernsehen einen Betrunkenen sahen. Dann foppten sie ihn immer: »Guck mal, da torkelst du schon wieder.«

Und ihm ist klar geworden, die ganze Scheiße, die er gebaut hat, ist durchs Trinken gekommen.

Ich wußte damals überhaupt nichts von Selbsthilfegruppen. Ich hatte zwar im Fernsehen schon mal etwas während der »Suchtwoche« gesehen, und mir ist auch klar geworden, so ist dein Mann auch, aber ich wäre nicht auf die Idee gekommen, auch für mich etwas zu tun.

Zuerst dachte ich auch, »Guttempler« oder ähnliche Einrichtungen wären alles nur Gruppen für die Abhängigen. Daß es aber auch Möglichkeiten gibt für die Angehörigen, davon hatte ich keinen Schimmer. Ich hatte mir ja auch eingebildet, daß ich keinen Knacks habe. Der andere ist ja derjenige, der geheilt werden soll.

Daß auch ich einen Knacks abbekommen hätte, war mir damals überhaupt nicht klar.

Aber das alles, was erlebt wurde, soll die Seele ja auch erst einmal verkraften.

Ich wollte meinem Mann nicht glauben, daß er in eine Selbsthilfegruppe ging. Deshalb bin ich mit ihm dahin gegangen, um zu überprüfen, was er mir erzählt hat.

Am Anfang habe ich mir nur alles angehört, ich bekam den Mund überhaupt nicht auf. Du kennst die Leute nicht, alles fremde Gesichter. Aber nach dem dritten oder vierten Mal habe ich gedacht: Jetzt rede ich über das, was mir auf der Leber liegt. – Und es ging von Mal zu Mal besser. Meine Scheu hat sich ziemlich schnell gelegt. Obwohl mein Mann noch gesagt hatte: Stell dir vor, dich trifft hier jemand von der Arbeit.

Ich habe mich nicht geschämt, dahin zu gehen. Ich wollte was für mich tun.

Deshalb gehöre ich dahin. Das ist mein Freundeskreis, die verstehen mich, und sie wollen mich.

Dann hat mich gestört, daß mein Mann überhaupt nichts sagte, sondern nur dasaß und zuhörte. So kann man ja keine Probleme lösen. Aber wenn ich dann gesagt habe, was mich bedrückte, wurde auch er gefragt, wie er das Ganze sieht. So haben wir uns ergänzt.

Ich glaube, daß Abhängige, die allein ohne Partner in der Gruppe sind, erzählen können, was sie wollen. Aber wenn der Partner dabei ist, dann müssen sie ehrlicher sein. Ich würde es ihm auch nicht durchgehen lassen, wenn er heute erzählte, es sei alles eitel Sonnenschein. Entweder bin ich ehrlich und erzähle auch von Anfang an, was mich bedrückt, oder ich lasse es gleich bleiben.

Heute brülle ich ihn auch an, so wie er mich anbrüllt. Ohne die Angst, ob es auch die richtigen Worte sind. Ohne die Angst, wieder geschlagen zu werden. Ich kann eben heute das sagen, was ich will. Und das ist auch was Schönes.

Die Gruppe bringt mir eine Menge. Ich will die Meinung der Gruppe hören, und dann suche ich für mich das Beste heraus. Was mir wichtig ist, was ich umsetzen kann.

Wenn er jetzt wieder rückfällig würde, würde ich mich anders verhalten.

»Du bist in die Kneipe gekommen, nun sieh zu, wie du nach Hause kommst.«

Der andere, für ihn bequemere Weg, mich anzurufen, damit ich ihn hole, kommt nicht mehr in Frage. Selbst auf die Gefahr hin, daß er mich schlägt. Ich würde ihn alleine da durchgehen lassen.

Obwohl so ein Rückfall sehr schnell möglich ist. Ein Whisky genügt, und schon beginnt der Teufelskreis. Man will dann vor den anderen nicht feige sein, vergißt, daß man das Zeug nicht abkann, und schon ist man wieder der Starke. Es kann im Grunde genommen von heute auf morgen sein. Deswegen kann und will ich nicht planen.

Obgleich man immer sagt: Ja, wenn sie trinken wollen, dann werden sie auch trinken. Aber wenn es zu Hause nicht stimmt, oder wenn er sich von mir bedroht fühlt, ich glaube, dann ist es noch schlimmer. Ich durchlebe wahnsinnig viele Rückfälle. Wenn irgend jemand vom Trinken erzählt. Gerade jetzt, die letzte Zeit. Ich weiß auch nicht, woher das kommt. Am Anfang hat mich das überhaupt nicht betroffen. Das ging los mit dem Rückfall von G. (Mitglied der Selbsthilfegruppe). Das hat mich furchtbar mitgenommen. Oder wenn irgend jemand uns besuchen kommt. Der eine erzählte letztens: Mensch, bin ich besoffen mit dem Auto nach Hause gefahren ... – Also das kämpfe ich nachts durch und bin schweißgebadet. Da bin ich fix und fertig. Und ich nehme auch an, je mehr ich zur Ruhe komme, desto deutlicher wird die ganze Zeit in mir hochkommen. Aber ob ich das noch einmal durchstehen würde, das weiß ich auch nicht. Denn ich finde, irgendwo spielen auch die Jahre mit. Früher habe ich mir da ein Ei darauf gebacken, da konnte ein Peterwagen kommen, oder es konnte eine Kontrolle sein. Das war alles überhaupt kein Problem. Aber heute?

Und dennoch: Ich habe immer noch wahnsinnig viel für ihn übrig. Also, die Zeit, wo es so furchtbar war, da habe ich ihn gehaßt wie die Hölle und die Pest. Aber wenn dann ein bißchen Ruhe eintritt, dann merkst du, daß Gefühle hochkommen.

Und an und für sich sind Gefühle etwas Schönes.

24

Plötzlich findest du einen Weg.

Heike T. (47), gelernte Kauffrau, zur Zeit des Interviews in einer Umschulung zur EDV-Datenverarbeiterin, lebte bis vor fünf Jahren mit Mann (51) und Tochter (14) in Düsseldorf. Als sie ihren Mann kennenlernte, gehörte er zu den Bestverdienern in seinem Ressort. Alkoholkonsum, häufig wechselnde Arbeitsstellen und schließlich Arbeitslosigkeit des Mannes führten in eine wirtschaftliche und soziale Misere. Die Familie zog in ein kleines Dorf. Mit der Trockenheit des Mannes haben sich die Verhältnisse wieder stabilisiert.

Ich lernte meinen Mann während des Sommerurlaubs kennen. Im August. Schon im Oktober des nächsten Jahres kam unsere Tochter T., bewußt und gewollt! Ich war nicht mehr die Jüngste und wußte, wenn wir Kinder haben wollten, dann mußten wir uns sehr schnell entscheiden. Ich wurde schwanger, und alles war so, wie wir es uns vorgestellt hatten. Und dann war ich mit der Kleinen beschäftigt. Die Großstadt und das Leben mit einem so verrückten Mann – das fand ich umwerfend! Die ersten Jahre habe ich wirklich genossen. Ich sah damals keine Probleme, auch keine, die er eventuell hätte haben können. Das Leben rauschte vorbei. Bis irgendwann einmal dieser totale Rausch vorbei war und ich mich fragte, wo wir uns eigentlich bewegten. Darauf aufmerksam wurde ich, als wir meine Freunde besuchten. Die sahen uns beide immer wie Paradiesvögel an. Unser Leben paßte ja auch nicht in ihre biedere, spießige Norm.

Ich habe das Problem des Trinkens lange Zeit verdrängt. Ich habe zwar öfter darüber nachgedacht, ob G. abhängig sein könnte. Ab und zu habe ich es ihm gesagt, er trinke zu viel und sei wohl – da er das Zeug ja offensichtlich brauche – Alkoholiker. Aber ich selbst maß dem überhaupt keine Bedeutung bei. Ich konnte mir nicht vorstellen, was für ein Riesenproblem das sein könnte. Ich verstand das Trinken nicht in dem Sinn als Krankheit. Erst als der Zusammenbruch kam und ich mitbetroffen war, als ich in Selbsthilfegruppen-Gesprächen erfuhr, was für eine Krankheit der Alkoholismus ist, wußte ich, wie unendlich groß das Problem war.

Er hat auch öfter versucht aufzuhören. Zwischendurch hatte er immer Phasen, in denen er überhaupt keinen Alkohol trank. Irgendwann hat er wohl selbst gemerkt, daß ohne Alkohol nichts mehr ging. Er wird sich schon gefragt haben, wie er davon loskommen könnte – vielleicht hat er sogar nach den Ursachen gesucht. Ich kam erst später dahinter, daß er im Grunde schon damals krank war und daß er regelmäßig trinken mußte, um ein bestimmtes Level zu halten. Er hatte sich ja immer so unter Kontrolle, daß ich ganz genau aufpassen mußte, ob er etwas getrunken hatte oder nicht. Er nahm sich sagenhaft zusammen.

Ich kann es eigentlich gar nicht mehr zurückverfolgen, ab wann genau mir sein exzessives Trinken auffiel. Wahrscheinlich gibt es bei mir eine Sperre. Ich glaube, ich will darüber gar nicht nachdenken, und das ist vielleicht auch ganz gut so. Ich glaube, man braucht eine Art Schutz. Wenn ich bedenke, wie wahnsinnig viel Alkohol geflossen ist – auch bei mir! Mit der Zeit bekommt man eine Aversion dagegen. Wenn ich ihn so betrunken sah, konnte ich mich nur noch schütteln. Und in Gesellschaft war er der Pausenclown, über den alle lachten – den hatte ich ja auch kennengelernt, in den hatte ich mich verliebt.

Zeitweise hatte ich auch Verständnis für sein Trinken. Als er so lange arbeitslos war, dachte ich, daß es das überhaupt nicht geben konnte: ein intelligenter Mensch, der arbeiten wollte und keine Arbeit bekam. Das ist ja auch entsetzlich. Er kam von einem Vorstellungsgespräch, die Zusage sozusagen schon in der Tasche, und dann acht Tage später kam die Absage. Und es ging ja um alles! Da wußte ich von der Krankheit in dem Sinne noch nichts. Ich hatte ja mal darüber gelesen oder etwas im Radio gehört, aber das betraf mich eben nicht. Man sucht Ausflüchte und findet sie auch. Vielleicht habe ich deshalb auch so spät erkannt, wie uferlos das Trinken wurde. Trotzdem habe ich mir oft Vorwürfe gemacht. Ich glaube nicht, daß ich etwas hätte ändern können, aber ein bißchen schuldig fühle ich mich, im nachhinein. Ich sah ja, was los war! Aber ich erkannte nicht, wohin das führte. Ich wußte es nicht. Wie hätte ich nur?

In meiner ersten Ehe war alles fest geregelt. Wir wohnten auf einem Dorf. Unser Freundeskreis bestand aus aktiven Sportlern. Der Lebenslauf war vorgezeichnet, alles ganz normal, bieder, brav, spießig und nett. Und plötzlich, ich war schon dreißig, lernte ich das andere Extrem kennen. Ich trennte mich holter-die-polter von meinem Mann und ging mit G. nach Düsseldorf. Plötzlich bewegte ich mich in einer ganz anderen Welt, wie eine Schlafwandlerin. Ich konnte gar nicht verstehen, daß alles so locker war. Mein Exmann und ich hatten beide nicht schlecht verdient, wir hätten uns also auch alles erlauben können. Aber nein, man sparte ja auf ein größeres Haus oder was weiß ich. Bei G. wurde nicht überlegt oder gespart. Wir lebten auf großem Fuß, in der ›großen weiten Welt‹. Die Menschen um uns herum waren nett, aber total verrückt, ausgeflippt. Sie tranken alle entsetzlich viel. Das war die Norm, auch für mich. Ich kam ja aus einer Kleinstadt und fragte mich nur, wo ich denn bisher gelebt hatte. Ich akzeptierte zu Anfang alles und fand, es gehöre dazu.
Unser Zusammenleben wurde schwieriger. Das sah G. nur nie. Er war ja immer auf irgendeinem Höhenflug. Wenn er Probleme hatte, benebelte er sie mit Alkohol. Vielleicht war das sein erster Schritt in die Abhängigkeit.
Er war in keinster Weise belastbar. Nie konnte er mit Problemen fertig werden. Er lief immer weg. Vor jedem Behördengang, jedem Telefonat, das ins Haus stand. Nichts, überhaupt nichts machte er. Die sollten ihn alle in Ruhe lassen – es hätte ja etwas Unangenehmes sein können! Na-

türlich kam das nachher geballt zurück, das ist ja klar. Es fing schon ganz früh an. Er öffnete keine Briefe. Das interessierte ihn nicht. Die lagen ungeöffnet herum, und ich mußte sehen, wie ich Ordnung in die Dinge brachte. Es war sehr abenteuerlich! Meine Vorwürfe und meine Angst um ihn – er fuhr ja ständig mit dem Auto – nahm er nie für bare Münze.

In Düsseldorf war finanziell noch alles in Ordnung, und es gab einen festen Freundeskreis. Unser Leben brach erst richtig zusammen, als G. arbeitslos wurde. Ich hoffte, daß nach unserem Umzug nach Schleswig-Holstein, wenn der alte Freundeskreis fehlte, dieses extreme Trinken aufhören würde. Aber daraus wurde nichts. Ich machte ihm häufig Vorhaltungen und sagte, daß das mit dem Alkohol nicht so weiterginge. Aber wahrscheinlich war ich nicht konsequent genug. Ich hoffte immer wieder, es würde sich etwas ändern. Ich war naiv, total unbedarft – bis ich keinen Ausweg mehr sah. Erst vor dem finanziellen Ruin wachte ich auf.
Ich fühlte mich ohnmächtig! Ich wußte überhaupt nicht mehr, wohin mit mir. Auf der einen Seite liebte ich meinen Partner und wollte mit ihm zusammenbleiben, auf der anderen Seite sah ich, daß das nicht ging. Ich war innerlich zerrissen.
Es war unmöglich, so weiterzuleben. In den letzten Monaten war der soziale Abstieg so geschwind, daß wir nicht mehr wußten, woher wir das nötige Geld nehmen sollten. Wenn G. nach Hause kam, legte er sich ins Bett, weil er schon betrunken war. Natürlich trank er auch, weil er in nüchternem Zustand das ganze Elend gesehen hätte. Lieber schüttete er den Alkohol in sich hinein, um nicht darüber nachdenken zu müssen.
Wenn Besuch oder Freunde kamen, dachte ich: bloß alles vertuschen, nur nichts merken lassen! – Ich wollte meinen Mann schützen. Im Grunde war das bescheuert. Er hätte sich ja selbst verteidigen können.

Ich erinnere mich besonders an eine Situation. Wir wollten ins Theater oder zum Ball. Wir waren schon in Abendgarderobe, Freunde holten uns ab. G. hatte wie üblich etwas getrunken und bekam mit einem Mal einen derartigen Wutanfall, daß er mit der Faust in die Türscheibe schlug. Alles war voller Blut. Eine Hektik und die Peinlichkeit vor den anderen, schrecklich! Die lachten und fanden das sehr komisch, sie dachten wahrscheinlich, daß er mal wieder ausflippt. Und ich saß da, innerlich so voller Zorn ... Den Ernst, der dahintersteckte, den hatte natürlich niemand verstanden, auch ich nicht. Oder auf den vielen Feten: Die ersten, die immer nach Hause mußten, waren wir! Weil mein Mann total betrunken war und völlig hilflos in der Gegend herumsaß, furchtbar!

Wenn G. so schrecklich voll war, redete er immer viel dummes Zeug. Das Schizophrene war ja, daß er den anderen geistig wirklich überlegen war. Aber jetzt, sie saßen da und lächelten über ihn, richtig süffisant. Mir tat das sehr weh, und es machte mich wütend! – Daran bin auch ich zugrunde gegangen.

Ich zog mich sehr, sehr in mich selbst zurück. Ich begann, viel zu lesen, zum Teil überzogene Dinge. Ich wollte vor der Realität fliehen. Ich las Sartre, fing wieder an, Nietzsche zu lesen, wie mit achtzehn, neunzehn, oder beschäftigte mich mit Psychologie – verrückt! Ich habe vieles nicht verstanden, aber das war egal. Es hat mich abgelenkt.

Lange Zeit redete ich eigentlich mit niemandem über meine Probleme, bis ich sie doch loswerden mußte und zu meiner Freundin fuhr. Die meinte, bei dem Lebensstil meines Mannes habe sie das kommen sehen. Als ich fragte, warum sie mich nie darauf aufmerksam gemacht habe, sagte sie, sie sei sicher, daß das nichts geändert hätte. Aber vielleicht hätte es mir doch geholfen? Ich hätte ja auch früher zu ihr gehen können, hätte mich früher einmal öffnen können.

Eine andere Sache, mit der ich erst einmal fertig werden mußte, war unsere Isolation von Freunden und Bekannten. Als G. arbeitslos wurde, wollte er mit niemandem mehr Kontakt haben. Er brach alle Beziehungen ab. Und ich konnte ja auch nicht so oft zu meiner Freundin fahren. Dafür wohnte sie zu weit entfernt.

Große Mühe gab ich mir damit, daß meine Tochter nichts mitbekam. Ich versuchte immer wieder fröhlich zu sein, auch wenn mein Mann in einem Zustand nach Hause kam, in dem ich ihn am liebsten hätte erschießen mögen. Wenn du alles in dich hineinfrißt und es vor allen Dingen auch noch vor deinem Kind verheimlichen mußt, das ist schon eine fürchterliche Situation!

Ich hatte Jahre lang immer wieder gehofft. Doch irgendwann sah ich ein, daß er mit dem Trinken nicht aufhören würde. Was machte ich für Handstände und log, nur damit meine Tochter nichts merkte, bis ich sah, daß auch das nicht mehr ging! Das Kind war ja einigermaßen clever und verstand, was los war. Ich konnte sie doch nicht ständig anlügen. Da reifte in mir die Entscheidung, ob ich bei ihm bleiben oder mich von ihm trennen sollte. Ich war fest entschlossen, mich mit meiner Tochter von ihm abzusetzen. Ich hatte deshalb kein schlechtes Gewissen und begann, mich um eine Wohnung und um eine Arbeit zu kümmern. Wir hatten uns ja sogar schon eine Wohnung angeschaut. Da wollten wir beide hinziehen.

Ich war dabei, mich innerlich von ihm zu lösen, da kam sein Zusammenbruch.

Er hatte drei Tage tierisch getrunken und war gar nicht mehr aufgestanden. Er verlangte immer nur Alkohol. Ich wollte das Kind nicht belasten, aber in den drei Tagen ging auch sie in sein Zimmer und sah, was los war. Ich konnte damals nur noch »Papa ist schwer krank« sagen und heulen. – Komischerweise hat sie nie irgendwas dazu gesagt oder gefragt.

Es passierten die bösesten Sachen. Schließlich war ich so zornig, daß ich ihm sagte, er solle doch die ganze Flasche in einem Zug austrinken; ich würde dabei stehenbleiben, bis das Elend ein Ende habe. Er hat es nicht geschafft, Gott sei Dank! Nach dem dritten Tag war mir klar, daß das nicht so weitergehen konnte. Der wäre mir glatt unter den Händen weggestorben! Ich rief also einen befreundeten Arzt an. Er kam sofort und brachte ihn ins Krankenhaus.

Wie er mir später erklärte, hatte ich mich ganz richtig verhalten. Hätte ich ihm keinen Alkohol gegeben, wäre er ins Delirium gekommen und höchstwahrscheinlich gestorben! Aber damals, in dem Moment, war mir selbst das egal. Ich konnte es einfach nicht mehr ertragen.

Dann erzählte mir der Freund, er habe mit G. gesprochen. Er sagte, G. brauche jetzt einen Halt. Der Halt sei ich. Wenn ich ihn jetzt verließe, wäre ihm alles egal und er würde weitertrinken. Deshalb erklärte ich mich bereit abzuwarten, was passieren würde. Allerdings sagte ich G. klipp und klar, wenn er nicht aufhöre zu trinken und sich nicht in eine Therapie begäbe – das hatte er immer abgelehnt –, würde ich mich ganz bestimmt von ihm trennen. Ohne eine Gruppe oder eine Therapie wäre er da auch nicht mehr herausgekommen.

Glücklicherweise hatte er im Krankenhaus einen ganz fantastischen Arzt, der ihm genau das bestätigte. Und, Gott sei Dank, ist er dann in eine Gruppe gegangen.

Später bin ich mit in die Selbsthilfegruppe gegangen, weil ich für mich ja auch etwas tun wollte. Ich brauchte auch eine Krücke. In der Gruppe ist mir klar geworden, was das heißt, Alkoholiker zu sein, und wie man dahin kommt. Ich lernte verstehen, was in meinem Mann vorging; denn darüber hatte er nie gesprochen. Er war total verschlossen. Und plötzlich konnte er darüber sprechen!

Jetzt geht er mit einer wahren Begeisterung in die Selbsthilfegruppe. Schön ist das – ich freue mich richtig darüber! Er hat da Menschen getroffen, mit denen er sich wirklich unterhalten kann. G. ist immer ganz begeistert, wenn er von dort kommt, und wir reden noch nächtelang über die Gruppe. Das ist wichtig für ihn, extrem wichtig.

Ich selbst würde auch gern wieder teilnehmen, aber das geht nicht, weil sich einer um das Kind kümmern muß. Und das bin immer ich. Bloß darum geht es letztendlich auch gar nicht. Wichtig ist, daß ihm geholfen wird, und nicht, daß mit mir etwas geschieht. Ich kann mir selber helfen.

G. ist jetzt seit über einem Jahr trocken. Heute heißt das für mich, daß eine unendliche Belastung weg ist. Ich kann mich wieder auf ihn verlassen. Wenn etwas gemacht werden soll, erledigt er das. Das ist schön. Heute ist er der erste, der mittags an den Briefkasten geht und guckt, was los ist! Und wenn einmal etwas Unangenehmes kommt, dann wird es durchgestanden. Das geht ganz fantastisch, und es ist eine tolle Erfahrung für mich, daß es so herum auch geht!

Daß er Alkoholiker ist, merke ich einfach nicht mehr. Ich denke häufig auch gar nicht daran. Wir gehen ganz natürlich miteinander um. So kann ich ihn zum Beispiel um einen Cognac bitten, wenn wir zu Hause zusammensitzen. Allerdings hatten wir vorher abgesprochen, wie er damit umgehen kann. Und es geht ganz toll, es ist wunderbar! Wenn ich merke, er gibt sich komisch, setze ich mich sofort hin und frage ihn, was los ist. Und dann sind es eigentlich Belanglosigkeiten, aber ich merke, daß sie ihn im Moment beschäftigen. Darüber zu reden, hat er gelernt in der Gruppe. Ich natürlich mit ihm. Ich denke, wenn irgendwas ist, muß man gleich versuchen, es in den Anfängen abzustellen. Ich merke auch, daß er sich inzwischen mit seinen Problemen auseinandersetzt und damit fertig wird. Inzwischen geht es auch wieder aufwärts. Auf G. ist Verlaß, er ist ausgeglichen. Es ist richtig schön.

Die Kontakte zu Freunden bauen sich erst langsam wieder auf. Das geht schon so einigermaßen. Aber ich wünsche mir, daß es noch mehr wird, ich habe ein großes Bedürfnis danach.

Die Vorstellung, er könnte einen Rückfall erleiden, ist furchtbar. Heute ist gerade so etwas gewesen. Ich blickte auf eine Parkbank. Drei etwas heruntergekommene Männer mit einer Plastiktüte, die tranken ihren Korn, bei dieser Eiseskälte! Ich habe eine Gänsehaut gekriegt, das war furchtbar! Als G. mich mittags abholte, sagte ich zu ihm: »Du, so hättest du da auch eines Tages gesessen!« Daran darf ich gar nicht denken, mein Gott! Das schmerzt immer noch furchtbar. Ich mag darüber gar nicht nachdenken, obwohl es häufig Situationen gibt, wo wir uns beide an diese schlimme Zeit erinnern. Also ich glaube, es wird mich ewig verfolgen, aber damit kann ich umgehen. Manchmal spüre ich so einen kleinen Anflug von Angst. Das wird sich nie legen, und das ist vielleicht auch ganz gut. Denn so bleibt man wachsam, statt manches leichtfertig wegzustecken und darauf zu vertrauen, daß es bei einem Rückfall wieder gutgehen würde.

Es fällt mir heute noch schwer zu verstehen, daß ein Alkoholiker immer trinken muß. Also begreifen kann ich das nicht. Ich brauche den Alkohol nicht. Ich trinke gern mal einen Cognac oder einen Wein, aber es ist eben nicht Zwang; ich muß nicht am nächsten Tag wieder trinken. Trinken ist eine komische Sache. Wenn ich Alkohol trinke, bewege ich mich in anderen Sphären, ich bin dann nicht mehr mit beiden Beinen auf der Erde; man fängt an zu spinnen, man ist nicht mehr realitätsbezogen. Bis zu einem gewissen Grad finde ich das ja schön, weil man so ein Gefühl des Sich-Auflösens hat. Man ist nicht mehr mit normalen, alltäglichen Dingen belastet. Aber wenn man dann wieder aufwacht, ist es ja grauenhaft.
Wenn ich zuviel getrunken habe, ist mir so schlecht, daß ich drei, vier Tage überhaupt keinen Alkohol sehen mag. Wenn man nicht abhängig ist, kann man sich schon mal vollaufen lassen.
Schlimm finde ich, wenn man sich selbst bedauert. Es war eine entsetzliche Zeit, und ich möchte sie keinem wünschen. Hinterher fragt man sich: »Wie bist du da eigentlich durchgekommen? Wie hast du das geschafft?« – Nur,

letztendlich habe ich auch zugesehen und das alles zugelassen. Ich hätte mich ja vorher von ihm lösen können. Aber es war eben so viel Gefühl da, daß ich ihn nicht allein lassen wollte. Wenn man aber nun wirklich nicht mehr weiß, wo es langgehen soll, muß man in erster Linie an sich und das Kind denken.

Heute fresse ich nichts mehr in mich hinein. Man wird leichter damit fertig, wenn man darüber spricht. Man findet plötzlich einen Weg, wenn man mit jemandem spricht, der auch Ideen entwickeln und einem auf die Sprünge helfen kann. Man selbst ist oft so verbohrt und verbaut, daß man einfach nichts sieht. Es müssen natürlich schon Menschen sein, zu denen man eine enge Beziehung hat. Aber wozu hat man denn Freunde?

Ich gehe jetzt wieder zur Schule, um wieder in meinen Job zu kommen. Ich merke, daß ich noch nicht alles vergessen habe. Man tippt ein paar graue Zellen an, und es ist wieder da. Aber bei der derzeitigen Arbeitslosigkeit werden sie bestimmt nicht so eine alte Frau wie mich suchen und einstellen. Dennoch sehe ich das nicht als verlorene Zeit an. Ich merke, daß ich an meine Grenzen stoße, es ist sehr schön und macht mir Spaß!

Ich würde auch sehr gern nach Düsseldorf zurückziehen, aber G. nicht. Das kann ich auch verstehen. In der Großstadt lebt man leicht überdreht. Es ist hektisch, es überholt einen. Ich muß mir im klaren sein, daß das alte Leben nicht mehr ist. Die Freunde, die wir hatten, sind sicherlich nur noch Illusion. Vieles haben wir ja bewußt abgebrochen. Ein alter Freund ist auch Alkoholiker geworden. Es sind die Erinnerungen, die man festhalten möchte, aber es fügt sich nie wieder zusammen.

Wir haben uns jetzt schon manches Mal gefragt, ob wir unserer Tochter sagen sollen, daß G. Alkoholiker ist. Früher hat sie ja auch den Schnaps und das Bier aus dem Keller geholt. Die Veränderung muß sie doch mitbekommen haben, aber sie hat uns nie gefragt, warum ihr Vater trank oder warum er jetzt nicht mehr trinkt. In ihrem Verhalten merke ich allerdings auch keine Veränderung. Sie kommt nach wie vor, wenn was ist, zu mir. Und heute fragt sie auch mal G. Sie ist lustig und vergnügt, kommt in der Schule mit, hat eine Freundin, mit der sie oft zusammen ist. Also, sie ist rundherum normal, so richtig, wie ein junges Mädchen halt ist. Wir sitzen auch oft zu dritt zusammen und reden über das, was sie bewegt. Jetzt hat sie einen Vater, mit dem sie etwas anfangen kann, und es ist schön so. Vielleicht machen wir uns auch zuviel Gedanken? Wir würden es ja ganz bestimmt merken, wenn bei ihr etwas nicht stimmte. Ich denke, wir lassen das alles auf uns zukommen. Wir reden ja miteinander und leben jetzt wirklich glücklich zusammen.

Diese ewigen Versprechungen ...

Hannelore C. (54), gelernte Versicherungskauffrau, Mutter von drei Söhnen (zwischen 29 und 32) und einer Tochter (27), ist seit achtzehn Jahren von ihrem ersten Mann geschieden. Ihre kleine Wohnung teilt sie seit sechzehn Jahren mit ihrem alkoholabhängigen Lebensgefährten. Nachdem sie – infolge von »Sparmaßnahmen« ihrer Firma – ihre Stelle verloren hat, bezieht sie Arbeitslosenunterstützung und arbeitet zusätzlich in der Altenpflege. Sie steht in regem Kontakt zu ihren Kindern.

Ich lernte ihn kennen, als ich im Verlagsbetrieb Z. arbeitete. Er war damals Subdirektor und für meine Abteilung zuständig. Wir arbeiteten viel zusammen, und ich fand ihn nett. Ich war geschieden und hatte in meiner Ehe mit vier Kindern nicht viel erlebt. Irgendwie wollte ich alles, was ich versäumt hatte, nachholen. Zu der Zeit wohnte ich allein mit den Kindern. Da ließ er sich scheiden! Eigentlich wollte ich nicht, daß er zu mir zieht. Und plötzlich stand er mit einem Waschmittelkarton vor der Tür. Ich sagte ihm, er könne vorübergehend bleiben, und räumte ihm ein Zimmer ein. Dann war er da, und alles weitere hat sich von selbst ergeben. Er hat sich richtig eingenistet und wohnt hier nun schon mehr als zehn Jahre.
Am Anfang hatten wir eine sehr gute Beziehung. Wir haben viel unternommen, sind weggefahren und haben uns viel angesehen. Da habe ich viel mehr erlebt als in meiner Ehe. Und ich war frei und ungebunden. Die Beziehung als solche war immer schon ganz locker. Er machte, was er wollte, gab mir Haushaltsgeld und anteilige Miete – und trank. Das habe ich in der Anfangszeit bloß nicht erkannt. Da zog ich ihn noch aus, wenn er besoffen nach Hause kam. Ich empfand noch mehr für ihn und dachte, das sei nur so eine Phase, weil er gerade geschieden war und noch schwer damit zu kämpfen hatte.

Getrunken hat er schon immer, bloß wußte ich nicht, daß tägliches Trinken schon zuviel ist. Ich kannte mich mit dem Problem Alkohol nicht aus. Ich selbst trinke nicht – mal ein Glas Wein, zu einem besonderen Anlaß. Er aber trank immer mehr. Und wenn er kein Geld verdiente, war es extrem.

Daß er Alkoholiker ist, weiß ich erst seit drei, vier Jahren. Da hat meine Tochter mal Andeutungen gemacht. Unter einem Alkoholiker habe ich mir immer vorgestellt, daß der weiße Mäuse sieht und die Wände hochgeht!

In Gesellschaft muß ich immer auf ihn einreden, er soll nicht so viel trinken, damit man sich nicht blamiert.

Manchmal hat er nachts Wahnvorstellungen, dann schreit er alles mögliche. Erst dachte ich, er träumt, aber er ist irgendwie doch wach. Er kann sich auch an nichts erinnern, kann nichts behalten, nichts bleibt so richtig sitzen. Er hat schon seinen ganzen Verstand versoffen. Inzwischen macht er auch in die Hosen. Hinterher weiß er nie, was er gemacht hat, und glaubt dann auch nicht, was ich ihm erzähle. Ich habe mir schon überlegt, das mal zu fotografieren. Ich habe ihm gesagt: »Wenn die Bilder entwickelt sind, dann kannst du sehen, wie schlecht das ist und wie häßlich!« – Vielleicht tut es ihm auch am nächsten Tag leid. Er verspricht und verspricht, aber er säuft immer weiter! Daß er sich mal nach einer Frau sehnt, mit einer Frau schlafen möchte, das gibt es nicht. Das Gefühl hat er gar nicht mehr. Und ich würde auch gar nicht mehr wollen, weil es mich anekelt, immer nur einen besoffenen Kopf neben mir zu haben. Er liegt da, grunzt und hustet.

Es ist schlimm, mit so jemandem zusammenzuleben. Nichts interessiert ihn, er ist ewig besoffen. Jeden Tag. Nur am Wochenende säuft er nicht – und da zittert er.

Im Moment kümmere ich mich überhaupt nicht darum, was er macht. Er kommt, so wie gestern, voll nach Hause und haut sich mit Klamotten, Jacke und Stiefeln, auf die Couch. Da bleibt er bis nachts um drei liegen, dann zieht er sich aus und geht ins Bett. Morgens zieht er wieder ab, ohne viel Kommentar, ohne Zank und Streit. Mit dem Saufen hört er nicht auf. Er gibt sein Kostgeld ab, darauf bestehe ich, aber mehr nicht. Jeder lebt für sich. Es ist wie auf dem Bahnhof. Er kommt und geht, wie er will – also keine Bindung mehr. Es ist keine Liebe da. Liebe ist doch etwas Gegenseitiges, und von ihm spüre ich nichts.

Wenn er freitags nach Hause kommt, ist er kaputt von der Woche. Und am Wochenende hängt er durch. Dann setzt er sich von einer Ecke in die andere und möchte sich am liebsten hinlegen. Schlafen, nichts hören und nichts sehen. Schon, wenn er sich morgens beim Frühstück eine Scheibe Brot macht, sehe ich, wie er zittert. Manchmal bin ich auch gehässig und sage: »Mensch, nimm dir doch 'ne Flasche Bier. Das ist es doch, was dir fehlt!« – Das macht er nicht. Aber neuerdings trinkt er, wenn er so zittert, heimlich. Trinkt schnell, so nebenbei, und stellt die Flasche wieder in die Ecke, damit ich sie nicht sehe. Er trinkt nur Bier, an Schnaps geht er nicht heran.

»Das muß anders werden, ich muß anders werden.« – Das ist alles, was er sagt. Er verspricht hoch und heilig, daß es anders wird, und es wird nie – es tut sich nichts, wirklich gar nichts! Ich weiß nicht, warum er es dann immer noch verspricht. Das kann ich nicht verstehen. Diese ewigen Versprechungen, die er nicht hält, sind enttäuschend! Damit hat er alles kaputtgemacht. Ich werde ihm nie wieder vertrauen können. Früher glaubte ich, daß er wenigstens versuchen würde, seine Versprechungen einzuhalten. Aber jetzt weiß ich, daß er das nicht schafft. Allein kommt er da nicht mehr heraus. Entweder säuft er sich tot, oder …

Wenn ich nach Hause komme, und er ist nicht da, dann bin ich richtig froh. Wenn ich abends fernsehe und höre, wie er nur den Schlüssel umdreht, fange ich schon an zu zittern. Da muß ich mich ungeheuer zusammenreißen, daß ich nicht gleich aufspringe, hingehe und ihm eine knalle. Ich werde ja selbst ganz krank im Kopf. Man muß sich so anspannen und glaubt jeden Augenblick, man platzt auseinander. Bloß weil man nicht will, daß das Geschreie wieder losgeht.

Ich habe das Gefühl, daß er für mich nicht viel übrig hat. Er will nur, daß ich ihn wie ein Kind versorge und für ihn wasche und saubermache. Und daß ich eben da bin. Lange Zeit war es ja auch so.

Aber dafür bin ich mir einfach zu schade. Ich kann das Leben so nicht mehr durchhalten. Ich werde ja auch älter. Ich will noch ein bißchen vom Leben haben und es nicht nur mit einem Trunkenbold verbringen.

Eine Zeitlang habe ich nicht mal mehr meine Wohnung in Ordnung gehalten. Ich war fast gar nicht zu Hause. Ich hatte ihn wirklich fallengelassen, habe mich nicht um ihn gekümmert. Ich wollte, daß er einmal merkt, wie das ist, wenn ich nicht da bin. Daß er mal zu sich kommt! Aber das hat er gar nicht gemerkt. Da war er schon richtig unten, hat nachts bei seinen Kumpels geschlafen und sich Geld fürs Trinken zusammengeschnorrt.

Es ist schlimm. Sämtliche Arbeitsstellen hat er sich durch Trunkenheit verscherzt. Dabei war er sehr gut, er beherrschte sein Fach!

Er besäuft sich, ohne an die anderen zu denken. Er ist schon immer sehr egoistisch gewesen. Abends kann ich nicht einschlafen. Ich liege hellwach und frage mich immer wieder, was er anstellt, wenn er in der Wohnung ist. Ich habe ständig Angst, daß er mir alles abfackelt, wenn er mit einer brennenden Zigarette einschläft oder wenn er vergißt, den Herd auszumachen. Das ist alles schon dagewesen! Ich muß dann aus dem Bett und nachsehen, ob auch alles okay ist. Deswegen kann ich ihn eigentlich auch nicht allein in der Wohnung lassen. Ich gehe schließlich nicht dafür arbeiten, daß ich mir alle zwei Jahre einen neuen Teppich kaufen muß.

Ich hoffe nun darauf, daß er eine andere Wohnung findet. Er hat schon verschiedene angeguckt, aber es klappt nie. Aber ich will ihn nicht einfach so vor die Tür setzen; dabei hätte ich ein schlechtes Gefühl. Es sind eben schon zu viele

Jahre vergangen. Letztens rief sogar seine Mutter an und bat mich, ihn nicht im Stich zu lassen. Aber was soll ich machen, wenn er nicht mit dem Trinken aufhört?

Wenn wir verheiratet wären, würde ich mich noch stärker verpflichtet fühlen. Ich würde versuchen, mit ihm gemeinsam zu den Antialkoholikern zu gehen. Aber so sagt er: »Du hast ja mit mir nichts zu tun.« – Ein Ehemann würde vielleicht eine Therapie machen.

Ich habe schon oft mit ihm über eine Therapie gesprochen, ihm geraten, mal zu den Anonymen Alkoholikern zu gehen. Aber dazu ist er nicht zu bewegen. Er glaubt nicht, daß er Alkoholiker ist, oder weiß es und gibt es nicht zu. Ich sage: »Kannst du nicht einmal sagen: Ich bin ein Trunkenbold, ich bin ein Alkoholiker?« – Das bringt er nicht fertig. »Ja, dann ist ja jeder Alkoholiker«, meint er. – »Ja, jeder, der säuft, so viel säuft wie du, der jeden Tag den Stoff braucht, der ist auch Alkoholiker«, sage ich dann, aber das kommt nicht bei ihm an.

Mir würde es nicht schwerfallen, mich von ihm zu trennen. Aber ich habe Mitleid. Wenn ich ihn, ohne daß er eine andere Wohnung hat, auf die Straße setze, dann geht er vielleicht unter. Für mich wäre es schon das Beste; aber sich zu trennen ist, wie wenn man ins kalte Wasser springt und kann nicht schwimmen. Da habe ich eine innere Sperre, über die ich nicht weg.

Wenn ich ihn sehe, mit seinen Hundeaugen, und er guckt wie ein hilfloses Kind – da kann ich einfach nicht. Man ist ja doch viele Jahre zusammen gewesen. Ich kann ihn nicht einfach wegjagen wie einen Hund. Im Grunde genommen hat er mir ja nie etwas Böses getan. Er hat mich nicht geschlagen, und als er noch Geld verdiente, haben wir wirklich viel Schönes erlebt. Da komme ich mir wie ein Schwein vor, wenn ich ihn einfach fallenlasse, zumal es immer noch eine Krankheit ist.

Aber in der letzten Zeit bin ich ihm gegenüber schon ganz anders geworden, richtig hart. Und eigentlich kann ich mir gar keinen Vorwurf machen. Ich habe alles mit ihm durchgemacht, alles versucht.

Eine Angehörigengruppe oder Selbsthilfegruppe kenne ich nicht. Aber ich finde das gar nicht verkehrt, da müßte ich mal hingehen. Es kann ja nicht schaden zu sehen, wie die anderen mit dem Problem fertig geworden sind.

Es stand mir schon oft bis zum Hals. Ich habe mich dann ins Auto gesetzt und bin zu meiner Schwester gefahren. Aber schön ist das auch nicht gerade, wenn man immer nur herumjammert, weint und jault. Zu Anfang war mir das sehr unangenehm. Ich wollte ja nicht, daß andere das wissen. Ich habe es immer noch vertuscht, bis man mich dann einmal direkt fragte.

Oder ich bin in den Wald gefahren und habe mich erstmal abreagiert. Ich bin gelaufen, habe manchmal sogar geschrien und alles mögliche gemacht, um mal wieder Luft zu kriegen, bin da irgendwo auf die Wiese gelaufen und habe Blumen gepflückt, habe mich hingeschmissen und gelacht oder ein Lied gesungen. Später habe ich einfach meine Enkelkinder geholt. Die haben mich abgelenkt. Da konnte ich verdrängen und vergessen, was mich bedrückte. Im Winter bin ich im Schnee gelaufen, einmal über den Hügel hier. Aber das ist kein Dauerzustand. Und wenn man weiß, es ändert sich nichts. das kommt immer wieder, dann hilft auch das nicht mehr.

Ich bin schon böse geworden, wenn wir uns gestritten haben, bin einmal sogar mit dem Messer auf ihn los. Jähzorn ist das, Wut und Jähzorn. Dann hau ich lieber vorher ab oder schließe mich ein, mach den Fernseher an und tu so, als wäre er gar nicht da.

Ich sage manchmal: »Mein Gott, du hast gar kein Ehrgefühl!« – Also, wenn mir jemand so etwas sagen würde, da würde ich meinen Koffer packen und gehen. Wieso schluckt er das? Tut das nicht weh? Denkt er nicht darüber nach? Und dann behauptet er noch, er sei so sensibel. Wo ist der denn noch sensibel? Er läßt es einfach mit sich geschehen! Und das bringt mich meistens noch mehr auf die Palme: Es kommt nie etwas zurück.

Ich bin manchmal so wütend! Ich kann mich ja auch nicht gehenlassen. Das ist ein großes Stück der Wut! Ich muß sehen, daß ich arbeite, und kann mich nicht aus Sorgen und Kummer besaufen. Davon wird es ja auch nicht besser.

Ich habe oft Migräne. Wenn ich dann krank daliege, stört ihn das überhaupt nicht. Er geht morgens los und kommt abends zurück – noch besoffener als sonst. Ihm ist das ganz egal. Er legt sich sogar breit neben mich und röchelt und grunzt. Das halte ich nicht aus. Dann muß ich mit meinem dicken Kopf von meinem Bett auf die Couch umziehen. Aber ich habe schon gemerkt, wenn ich mich, egal, wo und bei wem, ausquatsche, ist es besser. Dann hört der Druck im Kopf mal auf.

Wenn man mit einem Menschen lebt, dann möchte man doch auch mal zusammensitzen und erzählen, von den Kindern und von allem, was einen so quält. Im Grunde genommen bin ich ja ein selbständiger Mensch. Wenn ich von ihm abhängig wäre – das wäre unerträglich.

Er ist kein Typ, an den ich mich anlehnen kann. Er versteht meine Probleme gar nicht mehr. Er meint ja, nur er hätte Probleme, das ist das Schlimme!

Ich muß an mich denken! Die Gesundheit geht mir vor. Mein Arzt rät mir, mich entweder von ihm zu trennen oder ihn irgendwie zur Therapie zu bewegen. Aber er geht nicht. Neulich war er zwei, drei Tage weg. Da habe ich richtig aufgeatmet. Ich habe mich hingelegt, mich geaalt und mich gefreut, daß niemand in die Wohnung kam. Ich kann das gar nicht beschreiben: Ich war richtig befreit. Ich dachte, hoffentlich kommt er nicht so schnell wieder!

Das macht mich schon traurig. Ich möchte, daß es anders ist. Ich wünsche mir, daß da jemand zu Hause wäre, ein Partner, der sich auch um mich kümmert. Sonst lebe ich lieber allein …

Ohne die Arbeit könnte ich mir das Leben, das ich mir vorstelle, gar nicht leisten. Früher war ich so dumm, daß ich sogar auch für ihn gespart habe. Da nahm ich ihn noch mit in den Urlaub. Aber seit letztem Jahr fahre ich lieber dreimal allein und bin weg, als ihn mitzunehmen. Für ihn keine Mark mehr.

Ich werde ja auch immer älter. Und von ihm habe ich keine Hilfe zu erwarten. Ich kann mich dann vielleicht selbst nicht mehr rühren. Ich wünschte mir, ich könnte mich dann in aller Ruhe hinsetzen und lesen oder sonst was machen. Als Frau kann man die Zeit doch immer totschlagen, wenn man die Hände bewegen kann. Aber das geht nur ohne so einen Mann.

Fünfzehn Jahre sind eine lange Zeit. Und wie das wirklich ist, mit einem Trinker zu leben, kann sich niemand vorstellen.

Ich wollt 'ne Mutter sein und 'ne Familie haben.

Gudrun S. (45), gelernte Hauswirtschafterin, verheiratet, Mutter von zwei Söhnen (21 und 19), lebt seit mehr als fünfundzwanzig Jahren mit ihrem Mann zusammen. Heute arbeitet sie als kaufmännische Angestellte, ihr Mann ist Krankenpfleger im Schichtdienst. Gemeinsam gehen sie regelmäßig in eine Selbsthilfegruppe.

Zum ersten Mal begegnet bin ich meinem Mann im Vereinshaus – da war er total besoffen. Das hätte mir eigentlich zu denken geben müssen. Wir gehörten beide zu einer Clique, die sich dort regelmäßig traf, und er war mir schon unangenehm aufgefallen, weil er so oft angetrunken war. Später, als ich den Eindruck hatte, daß er doch gar nicht so viel trank, lernten wir uns dann näher kennen.
Wir erlebten sehr schöne Jahre, waren viel mit dem Boot unterwegs und campten mit den Kindern. Alkohol hatten wir nie dabei, das war damals noch nicht üblich.
Ich kann die Geschehnisse gar nicht der Reihe nach schildern – es sind immer nur Brocken, die mir gerade einfallen:
Es fing so ganz allmählich an. Ich weiß noch, wie wir den einen Sommer jämmerlich gefroren haben, auf dem Campingplatz; es war so kalt. Da sagte er: »Jetzt fahren wir nach Hause und kaufen uns 'ne Flasche Rum. Dann dürfen wir uns einen genehmigen – schön warm!« – Und später wurden die Feste gefeiert. Man gluckte in den Zelten zusammen, und dann ging es richtig los mit dem Schnaps. Es gab ja pausenlos was zum Feiern. Wenn man nur abends am Lagerfeuer saß, mußten eine Kiste Bier und eine Flasche Schnaps her. Und ich hielt tüchtig mit! Also, ich hätte eigentlich auch abhängig werden können, aber bei meinem Mann war der Zeitpunkt wohl einfach schneller erreicht. Vielleicht bin ich ja auch dadurch heil da herausgekom-

men. Wenn ich trank, habe ich immer an den nächsten Tag denken müssen. Ich hatte ja kleine Kinder, die wollten versorgt sein. Die waren um sechs wach. Und dann mit einem dicken Kopf? Das war mir eine Horrorvorstellung!

Bestimmt zehn Jahre vor seiner Entgiftung hat mein Mann zum ersten Mal gesagt, er glaube, er sei Alkoholiker. Er hatte so eine Phase, in der er mit sich selbst kaum zurechtkam. Aber das Wort »Alkoholiker« ist danach nie wieder gefallen, schon gar nicht von ihm. Als er es damals sagte, hatte das für mich was Erlösendes. Ich dachte: Jetzt ist er soweit. Wenn er das erkannt hat, muß er was für sich tun. – Aber es passierte nichts, überhaupt nichts.
Dann wollte ich etwas tun, ihn aufrütteln. Ich redete auf ihn ein: »Tu was dagegen! Hör jetzt auf zu trinken!« – Oder ich zählte ihm die Nachteile auf, die durch das Trinken in der Familie, in der Ehe, mit den Kindern und am Arbeitsplatz entstanden.
Ich habe daran gedacht, aber ich habe es trotzdem nicht geglaubt, daß er abhängig ist. Ich empfand auch Hilflosigkeit – Hilflosigkeit in den Momenten, wo ich mir eingestand, daß mein Partner abhängig war. Dann gab es auch wieder die Hoffnung: Ach, vielleicht ist es ja auch gar nicht so. – Jeden Tag hoffte ich. Wenn er mal keine Fahne hatte, war ich erleichtert und dachte: So schlimm ist es ja gar nicht. Hoffnung und Furcht wechselten immerzu.

Ich habe immer nur an die Zukunft gedacht. Die Gegenwart war ja nicht schön. Ich dachte: Irgendwann wird es wieder besser. – Ich wußte nichts von Entziehungskuren und von Gruppenarbeit. Ich habe mich auch gar nicht bemüht. Ich steckte den Kopf in den Sand und war jedesmal froh, wenn irgendwas Schönes passierte. Das Unangenehme konnte ich irgendwie in die Ecke stellen, und das hat mir wohl auch geholfen, das Ganze zu überstehen.
Ich hatte immer das Gefühl, ich müßte die Kinder beschützen. Meinen Mann kümmerte das nicht. Aber wenn

ich ihn zum Beispiel aus dem Auto zog, dann stützte ich ihn beim Gehen, damit er nicht so eierte. Die Nachbarn sollten es ja nicht sehen; ich wollte eine intakte Familie haben. Das mit dem »Einfach-Fallen-Lassen« und »Die-Hand-Entziehen«, wie ich es später in der Selbsthilfegruppe gehört habe, das konnte ich nicht. Auch heute würde ich mich noch einmal genau so wie damals verhalten.

Die Kinder haben ziemlich viel mitbekommen, vor allem unser Jüngster. Er hat wohl unbewußt viel eher als wir wahrgenommen, wie es bei uns lief. Er fing an zu klauen und wurde in der Schule immer schlechter, er mußte sogar von der Schule gehen.

Wir sind zur Erziehungsberatungsstelle gegangen, und da ist ihm auch geholfen worden. Aber die Wurzel des Ganzen hat man nicht gefunden, weil mein Mann sich einfach nicht in die Karten gucken ließ. Er war zwar mit dort, spielte aber »heile Welt«; er wüßte nicht, wie er mit den Jungs umgehen sollte, und daß das aus heiterem Himmel käme. Dabei hat er so oft und laut mit dem Jungen geschimpft! Das belastete mich sehr. Mein Mann ist zwar nicht handgreiflich geworden, aber er war eben laut und oft betrunken. Der Ältere hat eine sehr robuste Natur. Der wäre auch gegen seinen Vater angegangen. Aber der Kleine – ich nehme an, daß er zu kurz gekommen ist. Es war ganz schwierig, mit ihm umzugehen. Er kapselte sich zunehmend ab, erzählte nicht mehr von seinen Freunden oder von der Schule.

Mit diesen ganzen Dingen fühlte ich mich ziemlich allein gelassen. Ich hatte immer das Bedürfnis, alles zu bemänteln. Meine Familie ging mir immer über alles. Heute noch bin ich so richtig Hausfrau und Mutter. Ich muß alles schön in Ordnung halten. Das war auch damals so.

Ich hätte gern so eine Ehe geführt wie meine Eltern. Die sind wirklich glücklich verheiratet. Aber wahrscheinlich habe ich einfach zu viel gewollt.

Ich habe mich oft zu Hause angebunden gefühlt, aber ich dachte, das müsse so sein, wenn man verheiratet ist. Trotzdem: Wenn mir alles zuviel wurde, konnte ich mich an nichts mehr freuen. Ich übersah sogar, was es an schönen Kleinigkeiten gab. Dann zog ich mich einfach an und ging weg. Zu meinen Eltern zum Beispiel. Und niemand wußte, wo ich mich aufhielt, so konnte ich verdrängen. Die Kinder gingen zwar zu der Zeit noch in die Schule, aber sie waren nicht mehr so unselbständig.

Früher war es so, daß ich mich immer freute, wenn mein Mann mittags ins Bett ging und schlief – meinetwegen bis abends. Dann hatten wir unsere Ruhe und waren eine heile Familie. Wenn er dann aufstand, war er ja auch wieder okay. Ich achtete darauf, daß er abends ja nichts mehr trank, damit alles schön in Ordnung blieb.

Und dann gab es Erholungspausen. Mein Mann war ja sehr oft nachts weg, im Schichtdienst. Dann kam er erst spät am nächsten Morgen wieder. Diese Zeit nutzte ich für mich, machte Sachen, die mich wieder aufbauten. So hatte ich die Kraft für den nächsten Tag.

Als wir das Auto bekamen, hatte ich immer große Angst, daß was passieren würde. Aber es ist immer gutgegangen. Als mein Mann eines Tages seinen Führerschein verlor, war das schlimm für mich, denn da mußte ich das Fahren lernen. Ich ging sofort, direkt am nächsten Tag in die Fahrschule und fing an. Das Autofahren und das Lernen waren eine seelische Belastung für mich. Er war ein dreiviertel Jahr ohne Führerschein und wurde disziplinarisch bestraft. Das kostete wahnsinnig viel Geld, aber vor allem war es eine Schande! Wie sollte ich damit fertig werden? Als er den Führerschein dann wieder hatte, war er auch ganz glücklich, und es ging eine Zeitlang gut.

Dann kamen die Phasen, wo er sagte: »So, ich will jetzt nichts mehr trinken.« – Das hat er dann immer ein paar Wochen durchgehalten. Aber allein schafft man das nicht, und in Gruppen wollte er nicht. Ich wäre gern in eine Gruppe gegangen und guckte oft in die Zeitung. Da findet man ja unter »Veranstaltungen«, wann sich solche Gruppen treffen. Einmal wollte ich auch allein los, aber ich hatte so eine Schwellenangst, daß ich nicht reingegangen bin. Heute bin ich froh darüber. Ich würde nicht allein in eine Gruppe gehen.

Die schlimmste Phase zog sich recht gleichmäßig hin. Manchmal trank er mehr, manchmal auch weniger. So ganz schlimm war es eigentlich erst am Schluß. Er bekam eine Verwarnung vom Personalbüro. Da sagte er schon von sich aus: »So, jetzt trink ich nicht mehr.« – Er versuchte es mit Gesprächen beim Arzt. Aber was nützt das, wenn man über Gott und die Welt redet, statt über das Problem. Ein paar Wochen war es gut, dann zog es ihn wieder richtig in die Alkoholikerphase hinein. Es ging immer ein Stück tiefer, bis er dann wieder aufhören wollte und mit Antabus anfing. Eigentlich war das eine gute Zeit, dieses dreiviertel Jahr. Er fühlte sich sehr wohl. Andererseits merkte ich, so im letzten Vierteljahr, daß er unruhiger und unausgeglichener wurde. Er murrte wieder ziemlich viel herum und wurde ungenießbar. Eines Tages kam ich dann nach Hause und wunderte mich, daß er mittags schon im Bett lag und tief schlief. Als ich ihn genau ansah, merkte ich, daß er einen riesigen, roten Kopf hatte. Er hatte Alkohol auf Antabus getrunken und war sterbenskrank. Aber ich durfte keinen Arzt holen. Von da an ging es bergab.

Dann hatte er noch einen schweren Unfall, fuhr unser neues Auto zu Schrott. Ich war zwar froh, daß er gesund war, aber ich wollte auch nicht unbedingt finanzielle Notlagen. Zudem hatten wir gerade das Haus gekauft, und langsam wuchs mir alles über den Kopf. Und ewig gab es Streit. Damit kam ich nicht klar. Zu all dem hatte ich immer noch das Gefühl, ich müßte ihn beschützen. Ich merkte nicht einmal, wie er mich immer mehr in seine ganzen Auseinandersetzungen – mit Ärzten, Gesundheitsamt und Personalrat – hineinzog. Um alles sollte ich mich kümmern und ihn auch noch bemitleiden.

Aber die Amtsgänge mußte er selber machen. Ich bin nur mitgegangen, als er die Entgiftung beantragte. Die anderen Wege nahm ich ihm nicht ab. Er hatte dann wohl doch

Angst um seinen Arbeitsplatz. Man merkte dort, daß mit ihm einfach nichts mehr los war. Er kam mit sich selber gar nicht mehr klar, war ziellos. Da raffte er sich auf, focht mit dem Arbeitgeber alles aus, um dann ohne Auflage und freiwillig zur Entgiftung zu gehen. Drei Wochen war er in der Klinik.

Ausgehalten habe ich das alles nur durch die Hoffnung, hoffen von einem Tag auf den anderen. Das war fast ein kindliches Hoffen auf ein Wunder. Daß er eines Tages sagen würde: »Jetzt trinke ich nicht mehr.« – Dieses Hoffen, das war nur aus meiner Unkenntnis heraus möglich. Ich wußte ja nichts über Alkohol, nichts über Abhängigkeit. Ich dachte immer, man müßte doch einfach aufhören können zu trinken. Als ich anfing, mich zu informieren, da bekam ich sogar Angst, daß mir diese Hoffnung genommen werden könnte.

Ja, das Aushalten – da kommen ja auch noch andere Sachen hinzu. Ich war damals die treibende Kraft. Ich wollte das Haus kaufen, als mein Mann in seiner schlimmsten Phase war. Ich weiß überhaupt nicht, was mich dazu getrieben hat. Ich hätte alles andere machen können, nur das nicht! Mich noch in finanzielle Schwierigkeiten stürzen! Also – das Haus war da, da konnte ich nicht weg. Und dann dieser wahnwitzige Gedanke, den Kindern den Vater, die Familie zu erhalten. Das wäre heute wohl nicht mehr so.

Meine Migräne setzte ungefähr ein, als ich erkannte, daß er zuviel trank. Zehn, fünfzehn Jahre wird das her sein. Aber ich kann diese Migräne nicht auf den Alkoholismus meines Mannes zurückführen, denn ich habe auch Hormonstörungen. Und meine Mutter hatte auch Migräne, es war bei mir also schon irgendwie vorprogrammiert. Als mein Mann mit dem Trinken aufhörte, wurde es ein bißchen besser, aber ich kann das nicht in Zusammenhang bringen. Ich hatte nie Migräne, wenn ich mich über sein Besäufnis ärgerte. In der schrecklichen Zeit fiel ich für eine ganze Woche aus und lag im Bett. Das war natürlich sehr schlimm.

Als er trocken war, habe ich sehr lange gebraucht, um über all das hinwegzukommen. Und die Kinder erst! Es dauerte sehr lange, bis sie mal zu ihrem Vater gingen. Das kam nicht so von heute auf morgen. Die waren sehr mißtrauisch und haben ihn erstmal beobachtet. Später hat sich das durch die Gespräche alles ein bißchen beruhigt, und sie sind sich nähergekommen. Aber ich habe auch da viel nachhelfen müssen. Die kamen ja immer zu mir, und ich mußte mich dann auch mal dumm stellen. Ich sagte: »Ich weiß das nicht. Ich kann das nicht. Es ist das beste, ihr laßt das von eurem Vater machen.« – Die Kinder hat es große Überwindung gekostet, zu ihm hinzugehen.

Ich bin sehr froh darüber, daß er nie handgreiflich geworden ist. So gesehen hatte ich es nicht schlecht, ich hatte eben nur einen betrunkenen Partner. Er hat seinen Arbeitsplatz nicht verloren, ich hatte meine Arbeit, und zu Hause ging es so seinen Gang. Die Kinder haben Lehrstellen gefunden, auch ohne ihn.

In die Selbsthilfegruppe gehe ich immer noch gern, obwohl sie mir zum Thema Alkohol nichts Neues mehr bringt. Damals hätte ich es begrüßt, wenn ich eine Gruppe gefunden hätte, in der nur die nicht abhängigen Partner sind. Aber so etwas gab es nicht. Um den Abhängigen kümmern sich alle Gruppen sehr intensiv. Und ich selber habe mich auch immer in den Hintergrund gestellt, dachte, wenn es meinem Partner gut geht, dann geht's mir auch gut.

Ich würde allerdings gern mehr an den Gesprächen teilnehmen, auch mal was dazu sagen, aber die besten Gedanken kommen erst zu Hause.

Früher träumte ich oft schlecht, immer dieselben Träume. Einen hatte ich noch, nachdem mein Mann wiedergekommen war. Er war so quälend und vermittelte mir das Gefühl, überhaupt nichts erreicht zu haben. Es hing alles in der Luft. Ich wußte nicht, was mit mir los war. Wenn ich aufwachte, war ich in Schweiß gebadet. Wir haben einmal in einer therapeutischen Sitzung darüber gesprochen und herausgefunden, daß ich Geborgenheit gesucht hatte, die ich zu Hause nicht fand. Wir haben darüber gesprochen, und von da an war Schluß.

Später kamen ja auch unsere gemeinsamen Gespräche. Ganz plötzlich sagte er: »Ich hab mich nun verändert.« – Das war, als ob ich eins mit dem Holzhammer übergezogen bekäme. Aber er hatte ja recht, auch ich konnte jetzt nicht so weiterleben wie bisher.

Die Gegenwart, die ist mir ganz wichtig und nicht das, was vielleicht morgen kommt. Mir ist einfach wichtig, daß heute alles in Ordnung ist.

Und ich bin froh, daß es für uns alle so gekommen ist, wie es gekommen ist, und nicht anders.

Wie das bei einem Rückfall wäre, weiß ich nicht. Das könnte uns alle viel weiter runterziehen. Dann wäre die familiäre Situation ja eine ganz andere. Ich denke, unsere finanziellen Verhältnisse haben mich sehr an Haus und Kinder gebunden. Und: Ich mag hier sein! Ich habe immer gedacht, wenn einer geht, muß er gehen, du bleibst hier! Aber im Grunde genommen wollte ich meinen Partner nie aufgeben. Ich wollte, daß er gesund wird, daß er aufhört zu trinken und daß alles wieder in Ordnung ist.

Allein gelassen habe ich mich nie gefühlt. Ich fühlte mich nie vollkommen hilflos. Ich forderte ja von ihm trotz alledem noch. Aber es war ganz schön hart. Immerhin – unangenehme Dinge, wie zum Rechtsanwalt, zum Gericht oder zum Finanzamt zu gehen, das hat er alles geregelt. Hinterher war er zwar völlig erschöpft und meist auch betrunken, dennoch tröstete und lobte ich ihn. Ihn wirklich fallenzulassen hätte nicht zu meinem Weltbild, meinem Familiensinn gepaßt.

So im täglichen Umgang miteinander, wenn wir Streitgespräche führen, sollte ich weniger bockig und er sollte weniger laut sein. Wir sollten uns auf ruhigere Art und Weise entgegenkommen. Das läuft natürlich nicht wie am Schnürchen. Wir vergessen immer wieder, uns zum gegenseitigen Verstehen aufzufordern. Und dann ist es ganz wichtig, daß wir ruhig bleiben, daß wir uns fragen: Halt, stopp, was läuft da eigentlich ab? – Das klappt inzwischen ganz gut. Das kann man üben, wenn man will. Und wir wollten ja auch.

Ja, und besonders schön war für mich der Tag, als ich meinen Mann aus der Entgiftung abholte. Das war wohl der schönste Tag in meinem ganzen Leben. Ein ganz unbeschreibliches Gefühl. Da ist der Hochzeitstag überhaupt nichts dagegen. Dieses langsame Abtasten. Man lernt sich ja wieder neu kennen. Und wenn man sich dann so langsam näherkommt, ohne jeden Streit, ohne ein lautes Wort! Er war unheimlich lieb. Das habe ich überhaupt noch nicht erlebt.

Weil du total hilflos bist!

Lisa K. (33), Mutter eines Sohnes (16), zu dem sie keinen Kontakt hat, und einer Tochter (1 ½), hat sich vor einem halben Jahr vom alkoholabhängigen Vater ihrer Tochter getrennt. Sie ist Legasthenikerin, verfügt weder über einen Schulabschluß noch über eine Berufsausbildung. Deshalb, und weil sie als Alleinerziehende zeitlich stark eingebunden ist, gelingt es ihr nicht, eine feste Stelle zu finden. So greift sie immer wieder auf Nachtarbeit in Bars, Vergnügungslokalen und Bordellen zurück.

Ich arbeitete damals in einer Bar, als ich ihn kennenlernte. Er hatte gerade eine Kur hinter sich. Daß mit ihm etwas nicht in Ordnung war, begriff ich erst, als ich sagte, wir könnten ja mal zusammen einen trinken gehen. Es war beim zweiten Treffen, und er sagte mir, daß er Alkoholiker sei und nichts trinken dürfte.
Das war für mich auch in Ordnung.
Ich bin sehr schnell mit ihm zusammengezogen. Es klappte anfangs auch ganz toll. Er fand gleich eine Arbeit, und er gab sich sehr viel Mühe auch mit mir. Ich habe auch nicht damit gerechnet, daß er wieder zu trinken anfangen könnte. Ja und dann, nach drei Monaten, kam er mittags aus der Stadt und war ziemlich betrunken. Er hatte einen kleinen Unfall bei der Arbeit gehabt. Das hat er natürlich als Grund vorgeschoben. Da habe ich schon zu ihm gesagt: »Also noch einmal, wenn du noch einmal trinkst, dann trenne ich mich von dir.« – Dann ging es drei Monate gut, und dann kam er wieder betrunken nach Hause. Die ersten Male war es nicht so schlimm. Aber ich hatte Angst, weil ich nicht wußte, was noch alles passieren würde.
Dann wurden die Abstände immer kürzer. Durch das Trinken hat er auch seine Arbeit verloren. Dann hatte er wieder einen Job, Schwarzarbeit, von da kam er total betrunken zurück. Die Polizei hatte ihn irgendwo aufgesammelt. Er

war fast erfroren. Der war so besoffen, der konnte keinen Piep mehr sagen. Der hatte eine ganze Flasche Cointreau ausgesoffen. Da bin ich zu meiner Freundin abgehauen. Zuerst war es nicht so, daß er mit mir Streit gesucht hat. Es war eher umgekehrt. Da habe ich ihn, wenn er betrunken war, zusammengestaucht und gefragt, was das soll und warum er schon wieder getrunken hat. Oft hat er sogar den Versuch unternommen, es wiedergutzumachen, hat selbst gesagt: »Ich bin ein Mistkäfer.« – Das hat aber alles nichts gebracht. Das ging zwei Wochen gut, und dann war es wieder aus. Das hat mich unheimlich fertiggemacht.

Einmal kam ich nachmittags von der Arbeit: Lag er da. Voll mit diesem Distraneurin. Und die können ja gefährlich werden. Da habe ich natürlich sofort einen Krankenwagen gerufen. Und als die mit dem Krankenwagen kamen, hat er mich das erste Mal geschlagen. Er hat mich auf der Straße zusammengeschlagen! Er ist ausgeflippt, wahrscheinlich durch die Tabletten. Und als ich abhauen wollte, war plötzlich noch seine Mutter dazwischen! Beide hingen sie an mir. Ich habe nur gedacht: Raus aus der Wohnung. –Ich nahm mir ein paar Klamotten und meine Tasche. Er hat versucht, mich festzuhalten. Dann ist er mir nachgelaufen und hat mich geschlagen. Ich habe geschrien wie am Spieß! Meinst du, da ist einer gekommen, hat mir geholfen, oder so! Niemand! Trotzdem bin ich dann abgehauen.

Auf seine Versprechungen, nicht mehr zu trinken, habe ich mich aber wieder eingelassen.

Es ging dann zwei, drei Tage oder eine Woche gut, dann kam er wieder betrunken nach Hause. Und das hat mich immer wieder umgeworfen.

Ich wollte wenigstens, daß er zu Hause trinkt, aber nach dem ersten Bier war er weg. Ich saß allein zu Hause, und wenn er wiederkam, hat er mich häufig geschlagen, sogar die Wohnungseinrichtung zertrümmert und Fensterscheiben eingeschlagen. Ich kann gar nicht zählen, wie oft das Fensterglas in Bruch gegangen war.

Und ich war schwanger.

Als unsere Tochter zur Welt kam, hat er mich im Krankenhaus gleich frühmorgens angerufen. Er trank dann sechs
Wochen nichts. Ich hatte das Gefühl, daß er sich enorm zu-
sammennahm. Er beantragte eine Kur, mußte sich dann
aber entscheiden: für eine Umschulung oder für die Kur. Er
hat sich für die Umschulung entschieden. Sechs Wochen ist
es gutgegangen. Dann war es aus. So ging das eigentlich immer hin und her, immer hin und her, und ich dachte nur:
Irgendwann muß er doch merken, daß das nicht geht.
Er war dauernd unzufrieden; und dadurch war ich es auch.
Ich bin morgens schon mit schlechter Laune aufgestanden
und habe herumgeschrien. Es fehlte Geld, ich fühlte mich
von ihm ausgenutzt, ich mußte immer alles bezahlen, und
er lebte auf meine Kosten. Er gab sich keine Mühe. Ich
fühlte mich so ohnmächtig. Das Kind war ja auch noch da.
Mich macht das fertig, wenn ich mit einem Menschen zu-
sammensein muß. Wenn er mich wenigstens in Ruhe gelassen hätte. Wenn er sich ins Bett gepackt und seinen
Rausch ausgeschlafen hätte, dann hätte ich es ertragen
können. Aber dann wäre ich wahrscheinlich jetzt noch mit
ihm zusammen, und er hätte sich totgesoffen.
Einmal die Woche haben wir zusammen geschlafen: dann
mußte »Sonntag« sein. Das lief immer ganz nach Schema
ab: Er war total stramm und lag im Bett. Ich wollte, daß er
ruhig ist und endlich schläft; aber im Gegenteil, dann hat
er mich genervt wie verrückt.
In der Woche bin ich ja arbeiten gegangen, da war ich auch
von ihm abhängig, weil er auf unsere Tochter aufpaßte,
wenn ich nicht da war. Eigentlich konnte ich nicht mehr.
Ich war ziemlich verbraucht und hatte nicht den Auf-
schwung, mir allein mit M. eine Wohnung zu suchen. Ich
hätte erst eine Kinderfrau finden müssen – es war alles so
umständlich. Ich war einfach nicht bereit, das alles auf
mich zu nehmen. Drei Jahre vergingen so. Nie kehrte Ruhe ein. Ich war am Ende. Ich ließ alles über mich ergehen.
Manchmal habe ich auch gedacht: Am besten, du trinkst
mit, dann merkst du es nicht so. – Man kann auch selber da

hineinrutschen, wenn man labil ist. Früher habe ich ja auch viel getrunken, und warum? Weil ich gedacht habe, daß es dann im Bett besser klappt, daß das mehr Spaß bringen würde. Ich hatte mal so eine Phase.

Dann fing ich auch noch an zu fressen. Immer wenn ich Frust hatte, habe ich mir was hineingeschoben. Mich interessierte nicht mehr, wie ich aussah. Ich bin schluderig herumgelaufen. Wozu hätte ich mir auch Mühe geben sollen? Er hat sogar einmal in M.s Bett gepißt, so besoffen war er. Es war schlimm!

Wenn ich nur zur Wohnungstür hereinkam, wußte ich, ob er was getrunken hatte oder nicht. Ich trank in der Zeit überhaupt nicht und roch es sofort. Ich war froh, wenn er mal weg war. Er hat sich so furchtbar gehenlassen, hat überhaupt nichts mehr gemacht. Er hat nur zu Hause gesessen, hat Kaffee getrunken und gesoffen.

Er hat mir gedroht, er würde sich umbringen. Da habe ich gesagt: »Ja, mach das doch!« – Ich dachte: Wenn er wirklich will, dann soll er doch. – Und dann habe ich mir Sorgen gemacht. Immer diese Angst und der Zwiespalt – es war ein ewiges Hin und Her. Aber es kam auch die Zeit, wo es mir nichts mehr ausgemacht hätte, wo ich ziemlich gleichgültig war. Das hat er wohl gespürt. Da wurde er aggressiv und hat mich geschlagen.

Mit Liebe hatte unsere Beziehung nicht viel zu tun. Also Liebe war das nicht! Es war vielmehr so, daß ich nicht allein sein wollte. Ich hatte mich an ihn gewöhnt. Er hat auch gespürt, daß meine Gefühle zu ihm nicht so waren wie seine Gefühle zu mir. Ich weiß nicht, ob es bei ihm Liebe war. Er hat es mir zwar oft gesagt, aber wir haben auch darüber gestritten. Überhaupt gab es ständig Streit, ich hatte ja auch keinen Bock mehr. Zwischendurch gab es auch immer wieder Zeiten, wo ich viel getrunken habe. Dann redete er von Liebe und sagte: »Komm doch zurück.« Er wußte genau, was ich wollte, und ist dann wieder zum Arzt gegangen, hat sich Tabletten verschreiben lassen, diese Distraneurin. Hat sich natürlich gleich zehn Stück reingeschmissen.

Ich war ja auch irgendwie für ihn verantwortlich. Wir haben zusammengewohnt, und in einer Partnerschaft sollte jeder dem anderen zu helfen versuchen. Aber das war nicht drin. Mit unserer Tochter hätte ich ihn nicht allein gelassen. Das hätte ich nicht verantworten können. Man konnte ihm keine Verantwortung auftragen. Ich mußte immer die Angst haben, daß er sich was trinkt. Er ist kein Mensch, der allein sein kann.

Ich habe den Alkohol gehaßt, ich mochte nichts mehr sehen. Dieser scheiß Alkohol! Ich habe auf dem Dachboden einmal achtunddreißig Kornflaschen gefunden, leer!
Er wurde fies zu mir, wenn er merkte, daß ich mit seiner Trinkerei nicht einverstanden war, wenn er nicht in Ruhe saufen konnte. Einmal hat er sich 'ne Flasche geholt und die im Briefkasten versteckt. Ich habe das gesehen, habe das Zeug ausgekippt und Wasser reingetan. Er wollte dann unbedingt, daß ich anrufen gehe, zur Telefonzelle. Ich wußte schon, warum ... In der Zeit ist er dann zum Briefkasten gelaufen und hat sich den Flachmann mit Wasser geholt.
Ich konnte das als Krankheit nicht akzeptieren. Es läuft so viel bei dem anderen ab. Der Mensch verändert sich total! Er wurde aggressiv und hat nur noch Unsinn geredet. Du konntest dich nicht mehr vernünftig mit ihm unterhalten. Diese Veränderung erlebst du ganz bewußt mit.
Du entwickelst manchmal auch solchen Haß gegen den Menschen, der Alkoholiker ist. Und die anderen, mit denen du so zu tun hast, können deine Gefühle nicht verstehen. Sie können nicht nachempfinden, was in dir abgeht. Das ist immer nur Theorie ...
Du stellst die Veränderung fest und bist selbst ganz entnervt. Du lernst ihn zu hassen, und es gibt Situationen, wo du dir wirklich wünschst, ihn umbringen zu können. Du möchtest einfach dem Ganzen ein Ende bereiten.
Besonders schlimm ist die Ohnmacht, nicht helfen zu können. Du wirst aggressiv, du siehst den Mann kaputtgehen.

Du siehst, wie er sich kaputt macht. Du erlebst, wie er nach Alkohol stinkt, wie er kein Mensch mehr ist, den du für voll nehmen kannst, den du akzeptieren kannst. Er wird ein Nichts. Alles wird zerstört, was an Gefühlen überhaupt je dagewesen ist. Du merkst, wie alles vor die Hunde geht. Du selber fühlst dich schuldig. Er macht dich dafür verantwortlich. Er beschimpft dich. Er sagte, es sei alles meine Schuld. Und daß es kein Wunder wäre, daß er immer wieder trinkt. Und du beginnst, dir selbst Vorwürfe zu machen. Ich konnte auch nicht mit ihm darüber reden. Er wollte nicht. Ich hatte einfach immer die Schuld.

Ich hatte Angst vor seinen Entzugserscheinungen. Das hätte ich nicht miterleben wollen. Deshalb habe ich ihm sogar den Alkohol besorgt. Aber erst jetzt, wo ich mich getrennt habe, sagt er sich vielleicht: Es geht nicht mehr so weiter. Ich habe mir auch immer überlegt, warum es den Alkohol frei zu kaufen gibt. Jeder weiß, daß Alkohol abhängig macht, daß Alkohol zerstört, alles zerstört. Rund achthunderttausend Menschen sollen es sein, die abhängig sind vom Alkohol. Von den anderen ganz zu schweigen, Drogenabhängige, Tablettenabhängige, und was Dope angeht. Alkohol ist die schlimmste Droge, die vom Jugendlichen bis ins hohe Alter genommen wird. Das ist auch die erste Droge, die überhaupt auf dem Markt ist, für die noch Reklame gemacht wird! Und der Staat kassiert die Steuern. Die Menschen müßten mehr aufgeklärt werden. Auch durch das Fernsehen, einmal im Jahr läuft da was über die Suchtwoche, und dann hat sich die Sache.

Klar habe ich mit Leuten darüber gesprochen. Ich habe bei Leudrops angerufen und hatte da ein Gespräch. Die sagten mir, ich müßte mich von ihm trennen, sonst würde er es nicht schaffen. »Ja«, sagte ich, »und wenn er sich totsäuft?« – Die Angst, daß er sich tottrinken könnte, hatte ich einfach.
Und dann gab es die Selbsthilfegruppe, einmal die Woche. Das kannst du doch abhaken. Einmal die Woche, das

hilft doch einem, der richtig trinkt, gar nicht. St. war schon so weit, daß er wirklich Schluß machen wollte mit dem Trinken, daß er mit jemandem sprechen mußte. Nirgends war jemand da. Es war für ihn auch unheimlich schwer, ohne Auto zu der Gruppe und zurück zu kommen. Die Verkehrsverbindungen waren sehr schlecht.

Ich hätte mir gewünscht, daß man sich auch um mich gekümmert hätte, daß man mir geholfen hätte, daß ich irgendwo hätte anrufen können: »Mensch, mein Mann ist schon wieder betrunken! Was mach ich denn jetzt?« – Daß ich mich einmal hätte unterhalten können. Du bekommst psychisch einen Schaden, du bist hilflos und kannst nicht mehr. Hast einfach keine Kraft mehr. Ich hätte so etwas gebraucht wie unser Gespräch jetzt. Jemanden, mit dem ich immer sprechen kann, der mein Vertrauen hat, auf den ich auch höre, dessen Ratschläge ich gut annehmen kann. Der mir halt Kraft gibt. Meine beste Freundin, die kann mir das geben. Meistens habe ich auf sie gehört.

Es ist auch wichtig, daß man den Alkoholiker nicht so sich selbst überläßt, daß man ihm wirklich hilft, für ihn da ist. Obwohl manch einer es vielleicht eher schafft, wenn man ihn im Stich läßt. Ich weiß es nicht. Außerdem ist es schlecht, daß das mit der Kur so lange dauert; der Antrag, die lange Wartezeit. Da kann derjenige sich schon totgesoffen haben. Oder: Bis dahin hat er sich das schon wieder überlegt. Dann geht das Trinken weiter.

Schlimm ist die Enttäuschung, die Niederlage, wenn er wieder getrunken hat. Da hatte ich nie jemanden zum Reden, der mir geholfen hätte. Das darf nicht der gleiche Sozialarbeiter sein, der den Partner betreut. Obwohl: Mit dem muß man auf jeden Fall auch reden, das ist wichtig! Damit der weiß, was wirklich los ist, denn ein Alkoholiker hat die Angewohnheit zu lügen. Der macht sich nicht so schlecht, wie er ist. Wenn so ein Gespräch nicht offen genug abgeht, hat es keinen Zweck.

Überall bin ich mit ihm hingegangen, ins Krankenhaus, zu Ärzten. Zum Nervenarzt bin ich mit ihm gegangen.

Und überall hörte ich: »Naja, das müssen Sie verstehen.« – Man hat das Gefühl, daß man von niemandem einen Funken Verständnis kriegt. Das gab's nur für den Alkohol. Und ich fühlte mich immerzu schuldig. Für ihn hatten die Ärzte immer unheimlich viel Verständnis, aber für mich? Sie sagten, ich solle nicht immer mit ihm schimpfen. Das müßte ich mir abgewöhnen. In dem Ton haben die mit mir geredet. »Ja, was soll ich denn machen?« fragte ich. – »Dann müssen Sie sich von ihm trennen.« – »Das stellen Sie sich so einfach vor«, konnte ich da nur sagen. – Außerdem: Wenn er gegangen wäre, als ich ihn darum bat. Als ich sagte: »Ich kann nicht mehr mit dir leben!« – Wenn er da gegangen wäre! Aber das hat er nicht getan. Er hat mich immer wieder überredet, so daß wir dann doch zusammenblieben. Und sobald er Geld hatte, ging es wieder los, wieder hat er es versoffen. Manchmal ist er zum Einkaufen gefahren, ich dachte an nichts Böses, und dann stand er da und war besoffen. Das war unheimlich hart für mich. Ich war von neuem enttäuscht und wieder niedergeschlagen. Der Arzt hat ihm seine Spritzen gegeben. Zu mir hat er gesagt, ich solle mich trennen. Mit diesem Arzt habe ich öfter geredet. Der sagte auch mal: »Ja, verstehen Sie doch, das ist 'ne Krankheit.« – »Ja, aber ich geh dabei kaputt. Ich kann das nicht. Ich kann das nicht durchhalten! Diese Angst, wenn er weggeht. Und immer das Gefühl, ich müßte mitgehen, damit er nicht trinkt.«
Aber das hat auch keinen Zweck. Du kannst ja nicht ständig auf ihn aufpassen. Wenn man sich mit den ganzen Behörden und Ärzten unterhält, merkt man, daß viele von ihnen gar keine Ahnung haben. Die wissen nicht, wie das ist, mit einem Alkoholiker zusamenzuleben. Wenn ihnen nichts mehr einfällt, dann wird ein Rezept ausgeschrieben, zum Beispiel Distraneurin. Da bist du auch nicht geheilt. Der Arzt hat davon oft gar keine Kenntnis. Das stört mich! Zum Beispiel habe ich darauf geachtet, daß in den Medikamenten kein Alkohol drin ist. Der Arzt hatte mir gesagt, St. dürfe nichts mit Alkohol zu sich nehmen. Und dann

hat derselbe Arzt ihm einen Hustensaft verschrieben, in dem Alkohol war. Das kann den Rückfall bedeuten.

Die Sozialarbeiterin nützt mir auch nichts, wenn sie am Tage für mich da ist, und ich fühle mich abends beschissen. In Großstädten gibt es ja Notdienste. Aber das nützt dir wiederum nichts, weil der, der dein Vertrauen hat, der deine Lebensgeschichte kennt, gerade dann nicht da ist. Daß man abends um sieben zum Beispiel anrufen kann und sagen kann: »Ich habe Probleme. Mein Mann ist betrunken nach Hause gekommen.« – Das geht eigentlich nicht.

Ich kenne auch Selbsthilfegruppen für Angehörige. Ich bin zweimal dagewesen. Es hat mir nicht gefallen. In der Gruppe waren nur trockene Alkoholiker. Ich hätte mir jemanden gewünscht, der auch das Fachwissen hat, der mir Ratschläge geben kann, wie man so was psychisch übersteht.

Diese Angehörigengruppe hat mich einfach enttäuscht! Weil ich da genau das gehört habe, was bei mir selber los war, mehr nicht. Alle haben ihre Probleme erzählt, aber keiner konnte einem irgendwie sagen, was man machen kann. Diese Hilflosigkeit! Der Rat fehlte. Die haben mir Sachen geraten, die ich selber schon ausprobiert hatte. Aber es gab niemanden, der mir die Ruhe geben konnte, so daß ich klarer sehen und alles besser durchdenken konnte. Die hatten alle mit sich selbst genug zu tun und hatten auch gar nicht die Geduld zuzuhören. Das waren immer nur Vergleiche.

Ich hätte mich gleich trennen müssen, aber das erkannte ich erst spät.

Meine Schwester S. stellte mich dann vor die Entscheidung. Da habe ich beschlossen, mit ihr zusammenzuziehen, ohne ihn. Er war schon morgens betrunken. Ich hatte was gekifft und bin durchgedreht, total abgedreht. Da hätte ich mir auch den Hals durchschneiden können. In dem Moment habe ich nichts mehr geblickt. (Frau K.

schloß sich im Bad ein und schnitt sich die Pulsadern auf. Ihre Schwester hat ihr dann die nicht lebensgefährlichen, oberflächigen Wunden verbunden. Anm. d. V.) Ich bin so ausgeklinkt, daß es mir egal war, ob ich lebe oder sterbe. Ich habe nur gedacht: Das kannst du nicht mehr ertragen! Da mußt du jetzt raus! – Und ich habe keinen anderen Ausweg gewußt, in dem Moment. Ich wollte endlich Ruhe haben, wollte, daß es endlich vorbei ist! Er ist dann weggegangen, mit M., und meine Schwester sagte: »So, was willste? Willst du mit St. so weiterleben, oder willst du Schluß machen und mit mir zusammenziehen?« – Da war ich an und für sich ganz sicher, daß ich nicht mehr mit ihm zusammenwohnen wollte, daß ich auch nicht mehr nachgeben wollte.

Aber er hatte ja M. mitgenommen, und als er nach einer Stunde wiederkam, sagte er, er würde das Kind behalten. Da habe ich beim Jugendamt angerufen. Die sagten, ich müßte beim Vormundschaftsgericht anrufen. Dort hieß es: »Einstweilige Verfügung« und: »Das darf er nicht.« Also habe ich ihn angerufen, und er sagte, ich würde M. trotzdem nicht wiederkriegen und so fort. Also, er wollte mich erpressen. Dann haben wir uns noch einmal in der Wohnung getroffen, und er hat wieder alles kurz und klein geschlagen. Dann habe ich, zusammen mit meiner Schwester, die Polizei angerufen.

Abends kam er wieder. Es regnete ziemlich stark. Er klingelte. Wir haben die Tür natürlich nicht aufgemacht. Das ganze Haus war in Unruhe. Dann habe ich gedacht: Mensch, hoffentlich bringt er dich nicht um! – Er hat unten die Türscheibe eingeschlagen. Und wir hatten natürlich auch Angst. Meine Schwester sagte: »Du bleibst hier! Du läßt ihn nicht rein!« – Ich hörte dann immer, wie er sagte: »Laß mich doch rein. Laß uns doch reden. Ich bin ganz naß, ich muß mir was anderes anziehen.« – Und er hörte nicht auf. Das wiederholte sich jede Stunde. Dann haben wir noch einmal die Polizei gerufen, und die sagten: »Ja, wenn er wieder was kaputtschlägt, dann rufen Sie nochmal an.« – Der Nachbar unten ging raus und sagte: »Nun ist aber Schluß hier. Verschwinden Sie!« – Am nächsten Tag kam er nochmal, aber wir haben ihn wieder nicht reingelassen.

Ich glaube schon, daß ich mich auf jeden Fall irgendwann von ihm getrennt hätte. Auch wenn er mich dieses Mal noch rumgekriegt hätte. Es war zu spät. War einfach zu spät. Ich hätte es auch allein geschafft. Mit Sicherheit. Nur, wahrscheinlich hätte das noch ein bißchen Zeit gekostet. Eine Weile hätte ich das alles noch durchgehalten. Trotzdem hätte ich bestimmt eine Möglichkeit gefunden, da allein herauszukommen. Und wenn ich erstmal ins Frauenhaus gegangen wäre. Ich hatte mir auch schon für den Fall Geld zusammengespart.

Nach diesen Ereignissen war ich erstmal fertig. Fast zwei Stunden war ich beim Arzt und habe mich mit ihm über St. unterhalten. Er sagte zu mir: »So werden Sie das nicht schaffen. Sie müssen sich überwinden, gleichgültiger zu sein, abzugeben, wegzugehen von ihm. Denn solange er noch jemanden hat, auf den er sich stützen kann, wird er es nie schaffen, davon loszukommen.« – Früher hätte ich das kaum eingesehen. Ich hab immer gedacht: Mensch, du mußt ihm doch irgendwie helfen. – Ich glaube, ich war das Hindernis in seinem Leben, daß er das nie überwunden hat. Ich hatte das Gefühl, daß er nicht getrennt sein wollte, keine Woche, keine zwei Wochen und erst recht kein halbes Jahr.

Seitdem ich nicht mehr mit St. zusammen bin, hat sich viel geändert. Aber meine Gefühle sind noch genauso, als wenn ich siebzehn wäre. Ich will immer gleich alles krallen. Und derjenige, mit dem ich zusammen bin, spürt das genau. Der weiß genau, die will mich einfangen. Und da entsteht bei dem anderen ja auch Angst. Nur St. war anders. Der hat mich im Grunde genauso gekrallt wie ich ihn. Das ist nicht richtig. Ich muß mich verändern. Sonst wird das nie was. Ich müßte mir selbst gegenüber konsequenter sein, mir selbst »Nein, das machst du nicht!« sagen. Ich kann noch zu wenig abwarten, was auf mich zukommt.

Zum Positiven verändert hat sich eigentlich alles, mein ganzes Leben, meine Lebenseinstellung. Ich gehe wieder aus. Es macht mir Spaß wegzugehen. Ich trinke auch ab und zu mal einen. Ich mache mich wieder schön und habe Freude daran. Ich freue mich, daß ich immer mehr abnehme. Manchmal eß ich den ganzen Tag nicht, oder nur einmal am Tag. Das ist verschieden. Wenn es mir gefühlsmäßig nicht so gut geht, dann esse ich. Das hört von ganz allein wieder auf.

Und ich will jetzt nicht mehr sterben. Alles, was jetzt in meinem Leben abläuft, gibt mir Kraft. Es kann mir nichts mehr passieren, weil ich ganz genau weiß, daß ich mit der Situation fertig werde.

Der Alkohol hat mich sehr geprägt. Das war so die allerletzte Stufe für mich. Und mit meiner Tochter war es auf der einen Seite schwierig, aber andererseits hat es mir auch gutgetan. Sie hat mir die Kraft zum Weiterleben gegeben. Nur meine Gefühle habe ich noch nicht im Griff. Meine Gefühle haben auch sehr viel Schuld daran, wie das in der Beziehung abgelaufen ist. Wenn ich mal nicht so viel investiert hätte! Aber ohne Gefühle kann ich auch nicht leben. Ich wünsche mir jemanden, der mir zuhört, mit dem ich mich unterhalten kann, der versucht, mich zu verstehen, und der vor allen Dingen für mich da ist, wenn ich ihn wirklich brauche! Jemanden, an den ich mich anlehnen kann und der lustig ist. Bei Männern habe ich immer die Angst, daß ich etwas verkehrt mache. Und deshalb verstelle ich mich total. Ich bin dann überhaupt nicht ich. Das ist wie ein Zwang. Ich möchte mich schon von diesem Verhalten lösen. Aber weil ich immer noch wegen meiner Figur Komplexe habe, fehlt mir das Selbstvertrauen. Ich habe wirklich Angst davor, keinen Mann mehr zu finden. Aber ich bin selbständiger geworden und komme mit M. klar. Ich gehe arbeiten und verdiene mein Geld. Als ich mit St. zusammen war, hatte ich nie Zeit, über mich nachzudenken. Ich werde noch viel ändern müssen, bevor es zu spät ist. Ich muß vor allen Dingen konsequenter mit mir selber sein! Auch wenn es manchmal weh tut.

Ich habe mir schon manchmal
gewünscht, daß er wieder trinkt.

Charlotte M. (49), verheiratet, Mutter eines Sohnes (21), arbeitet als Einzelhandelskauffrau. Ihr Mann (53), Angestellter in einer größeren Firma, ist seit mehreren Jahren trocken. Sie besuchen gemeinsam eine Selbsthilfegruppe.

Wir lernten uns in der Ausbildung kennen. Mein Mann war Mitglied eines Reitervereins. Da haben wir natürlich unsere Feste gefeiert. Es wurde viel getrunken. Zum Beispiel wenn sie gewonnen hatten, ging hinterher in der gemeinsamen Runde ein Stiefel mit Bier herum. Zu Anfang trank ich auch mit, obwohl ich es überhaupt nicht gewöhnt war.

Manchmal war ich so hinüber, daß mein Mann mich nach Hause schleppen mußte und mein Vater am nächsten Morgen fragte, warum es nachts so gepoltert hätte.

Und mein Mann war da noch lustig und tanzte, ach Gott! Aber er war von je her nur lustig, wenn er etwas getrunken hatte.

Ich regelte alles, sei es mit Behörden, sei es mit Banken, sei es mit dem, was gekauft wurde. Er interessierte sich ja für überhaupt nichts mehr, nicht einmal für den Garten. Er kümmerte sich um nichts mehr.

Wenn unser Sohn meinen Mann mal um Hilfe bat oder um einen Rat fragte, bekam er oft nur zu hören: »Hab keine Zeit!« – Der Junge zog sich sehr enttäuscht zurück. Sein Vater konnte eben nichts! Wenn er merkte, daß mein Mann etwas getrunken hatte, stritt er sich auch mit ihm.

Mein Mann war etliche Male zur Entgiftung, und dann im PKH (Psychiatrisches Landeskrankenhaus), für sechs Wochen. Mein Arzt hatte sich erkundigt, wo er meinen Mann länger unterbringen könne, und fand eine Klinik im Odenwald. Mein Mann hatte gedacht, er könne nach sechs

Wochen nach Hause. Statt dessen wurde er verlegt. Da war er sehr enttäuscht und gab mir natürlich die Schuld daran. Er blieb ein halbes Jahr, wurde aber schon dort des öfteren rückfällig.

Weil gerade Weihnachten war, hatten mein Sohn und ich uns vorgenommen, hinzufahren und uns dort ein Zimmer zu suchen. Ein paar Tage vorher bekam ich Bescheid, daß mein Mann rückfällig wäre. Ich wollte unseren Besuch absagen. Doch da rief mich der Arzt an und sagte, mein Mann drohe mit Selbstmord. Ich solle kommen. »Nee, jetzt ist Schluß!« sagte ich. Aber dann haben wir uns doch überreden lassen und sind hingefahren. Tagsüber hatte er Ausgang. Wir wohnten im Nachbarort in einem Zimmer. Das war in dem Jahr unser Weihnachten. Vier Wochen nach der Entlassung trank er wieder.

Er hatte doch versprochen, nicht mehr zu trinken! Er sagte nur, daß er mich nicht für so naiv gehalten hätte, das zu glauben. Damit versetzte er mir so einen Schlag. Ich habe lange gebraucht, um das zu vergessen.

Dann kam er wieder in die Entgiftung, dann ging es wieder mal eine Zeit. Er hielt ein paar Wochen durch, und dann trank er wieder. Das wurde so schlimm, daß er Schwierigkeiten in der Firma bekam. Die schickten ihn nach Hause. Er meinte, er brauche auch gar nicht wieder hinzugehen. Also habe ich dort angerufen und mich erkundigt. Da hieß es: Ich solle dafür sorgen, daß er den nächsten Tag nicht in die Firma käme. Was ich mit ihm mache, wäre ihnen egal! – Ich rief einen Arzt an, denn ich wollte, daß er ins PKH kam. Er hatte zwar zugesagt, und ich hatte die Einweisung, das Taxi stand vor der Tür, aber dann wollte er nicht. Das ging dreimal hin und her. Schließlich zog er sich aus, verbot uns fernzusehen, ging zu Bett und wollte schlafen. Eine halbe Stunde später kam er an, angezogen: »Jetzt kannste die Taxe bestellen. Jetzt will ich ins PKH.« – Dann ist er tatsächlich gefahren! Die Taxe hat zwar noch einmal angehalten, er mußte noch einen Flachmann haben, aber er kam im PKH an und blieb drei Wochen.

Zu der Zeit hatte ich die Scheidung bereits eingereicht. Aber ich zögerte, denn er hatte Schwierigkeiten auf der Arbeit und einen Arzt, der ihm nochmal zu einer Langzeittherapie riet. Er willigte ein.

Elf Wochen später, er kam für ein Wochenende nach Hause, holten wir ihn vom Bahnhof ab. Da sagte unser Sohn: »Das ist doch nicht Papa.«

Also, ich hätte ihn auch nicht wiedererkannt, er war nur noch Haut und Knochen. Ich wußte zwar, daß er auch Zucker hatte, das hatten sie bereits im PKH festgestellt, aber so hatten wir ihn nicht erwartet, nach so langer Zeit. Zu Hause, als wir dann alleine zusammensaßen, fragte er mich, was werden solle. Ich hatte keine Lust mehr auf das ewige Hin und Her. Wir bölkten uns an, dann wieder sprachen wir vernünftig miteinander. Und dann standen wir beide auf und fielen uns um den Hals. Wir wollten es noch einmal versuchen. Ich zog die Scheidung zurück.

Dann nahte wieder einmal Weihnachten. Mein Mann bekam keinen Urlaub von der Therapie. Und hier mit der Großmutter zu feiern, dazu hatten wir keine Lust. Meine Eltern lebten auch nicht mehr, und da sagte ich zu unserem Sohn: »Weißt du was? Ich frag Papa, ob wir kommen können.« – Die Klinik hat mir sogar die Fahrt erstattet, und ich mußte nur für meinen Sohn bezahlen. Sonst wäre das auch nicht gegangen. Mein Mann hatte mich mit so viel Schulden sitzenlassen, daß ich kaum Geld hatte. Außerdem bekam ich von der Klinik eine Einladung zum Seminar. Aber das fand am langen Sonnabend, kurz vor Weihnachten statt. Da konnte ich nicht. Ich regelte es so, daß ich am Zweiundzwanzigsten schon Urlaub bekam und wir fahren konnten. In dem Heim hatten wir ein schönes Zimmer. Mein Mann bot uns eine Menge. Er zeigte uns die Umgebung und begleitete uns zum Mittagessen. Das hatte er noch nie gemacht.

Am Heiligabend gingen mein Sohn und ich nachmittags ins Dorf, aßen dort eine Kleinigkeit und tranken Kaffee. Abends wollten wir eine Wurst essen, bekamen aber nichts. Zu Trinken hätten wir überall haben können, von Gaststätte zu Gaststätte! Das fand ich haarsträubend. Als wir ins Heim zurückkamen, erfuhren wir dann, es gäbe dort ein warmes Essen. In der Gruppe meines Mannes war ein Koch, und es sollte eine Überraschung sein. Es war sehr schön. Das war dann unser Heiligabend.

Ich selber hatte in der Zeit wirklich alles mögliche. Ich bin von einem Arzt zum anderen gerannt. Und keiner konnte mir helfen. Mit einer Heilpraktikerin hatte ich dann Erfolg. Ich habe viel Geld dafür bezahlt, und die Krankenkasse erstattete mir nichts.
Meinem Mann bezahlten sie mehrere Langzeittherapien. Dabei wußten sie nicht, ob mein Mann jemals aufhört zu trinken. Und für mich wurde überhaupt nichts getan. Ich war nervlich sehr am Ende. Und, ehrlich gesagt, ich spüre es heute noch. Ich bin nicht so, wie ich gern sein möchte. Vielleicht spielen auch die Wechseljahre eine Rolle. Einen organischen Schaden habe ich nicht davongetragen, aber einen psychischen. Wenn mein Mann heute wieder anfangen würde zu trinken, ich würde das nicht noch einmal durchhalten. Ich würde sofort Schluß machen. Dann müßten wir uns trennen. Ich würde mir nicht noch einmal Honig um den Bart schmieren lassen! Das war zuviel. Ich muß auch an mich denken. Ich hoffe ja, daß er nicht wieder so weit kommt. Ich glaube es auch nicht.

Eines Tages, auf meinem Weg zur Arbeit, traf ich in der Fußgängerzone eine Bekannte. Mein Mann war gerade ein Jahr trocken. Die sagte zu mir, mein Mann lasse sich ja nun doch von mir scheiden. Ich fragte, wie sie darauf käme, und sie antwortete, mein Mann würde doch wieder trinken. Ich war fassungslos. »Ja«, sagte sie, »aber sag nichts. Von mir weißt du das jedenfalls nicht!« – Ich wollte aber wissen, was los war. Es ging ja um meine Zukunft! Ich konnte nichts mehr einkaufen. ich ging geradewegs in die Firma. Meine Kollegin fragte sofort, was denn mit mir los sei. Ich war fix und fertig! Ich wurde gleich von da aus zum Arzt geschickt und bekam eine Beruhigungsspritze. Dann fuhr ich nach Hause, das heißt, in die Laube – im Sommer leben wir draußen. Als mein Mann zum Kaffeetrinken kam, fragte er, warum ich denn keinen Kaffee trinke. Ich sagte nur, daß ich es nicht dürfe. Ich wollte gerade Kartoffeln schälen, als ich derart zu zittern anfing, daß er mich fragte, was denn mit mir los sei. Ich wollte ihm von diesem Gerücht nichts erzählen, redete dann aber doch darüber. Da sagte er ganz ruhig: »Du kannst mir wirklich vertrauen. Ich habe schon einundeinhalb Jahre nichts mehr angerührt.« – Am nächsten Tag, mein Mann wollte in die Selbsthilfegruppe, fragte er mich, ob ich nicht mitgehen wolle. Aber ich wollte nur ins Bett. Abends kam unser Sohn zum Abendbrot und wollte sich mit mir unterhalten. Aber ich konnte nicht. Ich sagte ihm, daß ich mich nicht wohlfühlte. Ich wollte ihm nichts von meinem Erlebnis erzählen, weil die beiden gerade angefangen hatten, sich anzufreunden. Wir redeten dann doch ein bißchen, bis mein Mann kam. Der erwähnte aber auch nichts. Erst als unser Sohn gegangen war, sagte mein Mann mir, daß er mein Problem in die Gruppe eingebracht habe und daß es für mich sicher besser sei, wenn ich mal mitkäme. Ich könnte dann auch mal mit anderen über die Probleme sprechen, die man als Angehörige habe. So bin ich einundeinhalb Jahre nach seiner Kur in die Selbsthilfegruppe gekommen. Zu Anfang war ich auch deshalb nicht hingegangen, weil seine Therapeutin damals meinte, ich solle warten, bis er mich danach fragte.

Wovor ich wirklich Angst habe, ist ein Rückfall. Das könnte ich nicht verkraften. Ich möchte das auf jeden Fall nicht noch einmal durchmachen. Vor vierzehn Tagen träumte ich sogar noch davon: Mein Mann kam von der Arbeit nicht nach Hause, und ich rief in der Firma an. Man antwortete mir: »Och, Ihren Mann, den haben wir rausgeschmissen. Der säuft wieder!« – Da mußte ich so weinen, daß mein Mann mich weckte. Es war alles weg. Aber morgens wußte ich, was ich geträumt hatte. Ich konnte das nicht für mich behalten, ich mußte es ihm sagen. Er war ganz verständnisvoll und sagte, daß er manchmal auch noch träumt, wieder abgerutscht zu sein. Das sei ganz normal. Nachdem ich mit ihm darüber gesprochen hatte, war mir, als wenn jemand in meinem Kopf etwas ausgelöscht hätte. Es existierte gar nicht mehr.

Wenn ich darüber nachdenke, kommt vieles wieder hoch, was man verarbeitet und schon beiseite gestellt hat. Oft, wenn wir in der Gruppe von früher erzählen, habe ich ein komisches Gefühl. Ich war ja auch selbst davon betroffen. Jetzt lache ich manchmal darüber, aber ich habe lange gebraucht, um so weit zu kommen. Daß ich jetzt schon erzählen kann, wo ich zum Beispiel die Flaschen gefunden habe. Wie mein Mann gelogen hat, und was er alles an Ausreden vorgebracht hat. Zu Anfang war es beschämend für mich, darüber zu sprechen. Jetzt ist das vorbei. Aber in der Familie wird ganz wenig darüber gesprochen. Auch wenn ich mit meinem Mann in der Gruppe über Probleme rede, zu Hause kann ich das nicht mehr. Wir machen es nicht mehr. Unser Sohn hat genug darunter gelitten. Es würde doch nichts bringen, alles wieder aufzurollen.
Die erste Zeit bekam ich schon bei dem Gedanken, heute nachmittag gehst du in die Gruppe, kaum Luft. Und dann da in den Raum gehen! Erst langsam hat sich das abgebaut. Aber auf dem Heimweg ging es mir wieder gut. Zu Anfang flogen die Fetzen bei uns! Ich hielt ja auch nicht hinterm Berg, ob es meinem Mann nun recht war oder nicht. Das war mir in dem Moment egal. Ich wollte das, was ich hineingefressen hatte, ja auch loswerden. An einem Tag in der Woche gab es in der Gruppe auch einen geselligen Abend, es wurde Mensch-ärgere-Dich-nicht oder Karten gespielt, oder man konnte handarbeiten.
Früher wäre ich gern in eine Gruppe nur für Angehörige gegangen. Heute nicht mehr. Es gibt ja andere Probleme, die in der Gruppe besprochen werden: Kinder, Arbeitslo-

sigkeit, Probleme mit der Arbeit. Das gefällt mir gut. So etwas bringe ich auch in die Gruppe. Das tut mir gut. Und heute kann ich es auch mit meinem Mann besprechen. Ich habe in der Selbsthilfegruppe viel für mich getan.

Ich muß ehrlich sagen, ich vermisse es sehr, wenn ich mal keine Zeit dafür habe. Ich habe mich so daran gewöhnt, das gehört irgendwie zu mir. Ich gehe ja jetzt schon über vier Jahre in die Gruppe, und ich gehe gern. Es hat mir sehr viel gebracht.

Früher dachte ich immer, ich stehe ganz allein mit dem Problem da. Ich dachte: Nur mein Mann trinkt. – Aber es ist ja nicht an dem. Inzwischen habe ich so viele kennengelernt, auch Angehörige, von denen ich das nie vermutet hätte. Ich habe oft gedacht: Meine Güte, das kann doch gar nicht angehen, daß der Mann auch? Oder die Frau auch?

Als er nach der Therapie zu Hause war, dauerte es über ein Jahr, bis wir uns wieder so richtig angenähert hatten. Da kamen die Probleme erst richtig auf uns zu!

Wir brauchten beide lange, um damit klarzukommen. Auch unser Sohn hat lange, zwei, zweieinhalb Jahre gebraucht, bis er sich ihm annäherte, bis er mit seinen Sachen zum Vater ging. Ich glaube, er hatte schwer damit zu kämpfen, vergessen zu können, was gewesen war. Ich mußte ihn manches Mal zu seinem Vater schicken. Ich sagte einfach, von dem und dem hätte ich keine Ahnung, er solle doch den Papa mal fragen. Mein Mann ging dann auch auf ihn ein. Ich fand das richtig gut. Aber bis heute muß er ab und zu noch einen kleinen Schubs bekommen.

Sie sind auch beide so – wie soll ich sagen? Stur kann ich dazu nicht sagen. Gefühllos? Auch nicht.

Ich bin ganz anders, ich kann schnell mal jemanden umfassen, und ich kann mich über eine Kleinigkeit freuen: Ich kann das sofort ausdrücken. Das können die beiden nicht. Das stört mich manches Mal auch. Aber ich sage mir immer wieder: Es gibt verschiedene Menschen.

Mein Sohn ist ganz wie mein Mann geworden. Er kann nach außen nichts zeigen. Früher konnte er das. Ob es vielleicht daher kommt, daß immer Ärger zu Hause gewesen ist?

Neulich hatte ich ein Telefongespräch mit meinem Bruder, in dem es laut herging. Ich legte auf und sprach mit meinem Mann auch noch recht laut darüber. Mein Mann meinte, ich solle mir das nicht gefallen lassen. Da kam mein Sohn aus dem Zimmer gelaufen und fragte, was los sei, ob ich mit seinem Vater gestritten hätte. Er sagte: »Naja, ich dachte, Papa trinkt schon wieder.« – Und das noch nach so langer Zeit! Ich weiß nicht, wie der Junge in dem Moment darauf kam. Mein Mann nimmt das viel gelassener auf. Er meint, da könne ich auch nichts machen, das stecke noch so drin, weil er es noch nicht so verarbeitet habe wie ich. Das will ich gar nicht glauben! Ich dachte, das ist vorbei!

Ein Beispiel, wie schwierig es war, sich umzugewöhnen, war die Arbeit in unserem Garten.

Früher hatte er überhaupt nichts gemacht. Also fange ich so an: »Ach Mensch, die Wurzeln müßten noch ausgesät werden. Aber ich hab's so im Kreuz, ich kann nicht.« – Anstatt ihm zu sagen, daß er das machen soll. Dann würde er bestimmt denken, die Alte hat wieder den Hammer in der Hand und befiehlt nur. Dann kamen die Kartoffeln – und das Jahr darauf machte er den Garten allein.

Aber das war mir dann auch nicht recht. Ich fragte mich, wozu ich denn überhaupt noch da sei.

Wenn keiner da ist, drehe ich das Radio auf volle Lautstärke. Dann wissen die Nachbarn: Aha, Frau M. ist alleine! – Ich bin von Natur aus so. Auch wenn wir in der Firma feiern. Also, wenn ich nicht da bin, dann brauchen die gar nicht zu feiern.

Der Ärger und die Freude müssen heraus.

Wenn ich etwas zu Hause nicht so sagen kann, muß ich hinaus, muß telefonieren, muß mit jemandem reden. Sonst baut sich etwas bei mir auf. Das ist, als wenn man das

Bedürfnis hat aufzustoßen, und man kann nicht. Wenn das drinbleibt, wird es zur Qual. Das liegt wie ein Stein auf dem Magen. So bin ich, ich fühle doch ziemlich stark. Und ich wünschte mir, daß mein Partner mich wenigstens mal in den Arm nimmt. Aber das ist ganz, ganz, ganz selten. Er kann es nicht. Ich kann es auch wieder verstehen. Aber ich frage mich, warum man so etwas nicht lernen kann. Wenn ich ihn zum Lachen bringen will und dummes Zeug mache, bleibt er ganz trocken. Wenn ich dann frage, ob er das nicht lustig findet, sagt er nur: »Nö, ich kenn dich doch.« – Und das ärgert mich manchmal. Manche aus der Selbsthilfegruppe sagen auch, daß er so unnahbar sei. Aber wenn sie dann doch auf ihn zugehen, merken sie, daß er gar nicht so ist.

Die Hauptsache ist ja, daß er nicht mehr trinkt. Aber das Miteinander-Leben ist schwer, wenn ein trockener Partner nach Hause kommt. Der Partner ist ein anderer Mensch geworden. So manches Mal dachte ich auch: Wenn der doch bloß bald wieder saufen würde! – Betrunken war er viel besser um sich zu haben. Auf einmal hat der seine eigene Meinung und sagt, wie er was gemacht haben will. Die ganzen Jahre davor hatte ich das ja gar nicht gekannt. Ohne Alkohol ist es sehr schwer, zu feiern und richtig lustig zu sein. Mein Mann kann das nicht. Ich habe wirklich damit zu kämpfen. Ich muß mich mal so richtig austoben, Silvester oder Karneval, da kann ich das. Was die anderen dann denken, ist mir ganz egal.

Ich wünschte mir, daß mein Mann ein bißchen freier würde, lustiger, lebenslustiger. Ich wünsche mir das manches Mal. Aber ich glaube, das lernt er nicht mehr, und das kann man auch nicht hineinprügeln.

Ich kann das nicht leiden, wenn einer so lahm dasitzt. Warum kann man als erwachsener Mensch nicht auch ein bißchen lustig und albern sein? Ich brauche das, so bin ich.

Nur zur Zeit geht es mir überhaupt nicht gut. Ich rede auch mit meinem Mann darüber. Ich bin mir manchmal einfach zuviel. Die letzten vier Wochen habe ich nur geheult, am Stück, von morgens bis abends. Und ich kann doch meine Familie nicht damit belasten. Mein Mann fühlt sich zur Zeit auch so mies, daß er am liebsten wieder saufen möchte. So etwas gibt es, das ist an sich ganz normal. Wenn es so ist, sage ich zu ihm: »Nicht daß du denkst, daß nur du dich so fühlst! Mir geht das auch manchmal so.« – Nicht nur der Abhängige leidet, ich fühle mich auch mies oder schlecht, und ich greife dann auch nicht gleich zur Flasche. Ich esse dann allerdings manchmal zuviel. Dennoch, ich muß damit leben, daß ich mich im Moment nicht so fühle, wie ich möchte.

Und das Wichtigste ist wirklich, daß mein Mann nicht mehr trinkt.

Wir hielten uns aneinander fest wie zwei Einbeinige.

Claudia O. (43), Mutter einer Tochter (16), gelernte Friseuse und Verwaltungsfachfrau, ist seit dreizehn Jahren geschieden. Aufgrund der schlechten wirtschaftlichen Lage ist sie immer wieder arbeitslos und arbeitet zeitweise als Schreibkraft, Bürogehilfin oder Serviererin. Die Tochter lebt, auf ihren Wunsch hin, seit vier Jahren in einem Heim. Frau O., selbst alkoholkrank, lernte ihren abhängigen Partner, mit dem sie anderthalb Jahre zusammenlebte, in der Therapie kennen. Sie ist seit drei Jahren trocken und geht regelmäßig in eine Selbsthilfegruppe.

Ich bin ja selber abhängig und kann das, die Geschichte mit A., nicht davon loslösen. Wenn ich heute an A. denke, bekomme ich immer noch ein leichtes Würgegefühl. Ich denke nicht gern daran. Es war so schlimm, so extrem! Im nachhinein muß ich sagen, daß diese Beziehung mir den Rest gegeben hat. Aber vielleicht war das auch wichtig für mich, vielleicht wäre ich sonst immer noch auf Achse. Als ich von der Therapie nach Hause kam, hatte ich überhaupt keine Perspektive. Meine Tochter war ja inzwischen im Heim untergebracht – mit der Situation bin ich lange, lange nicht fertig geworden. Das hat mich schwer belastet. Ich hatte keine Arbeit, und meine Wohnung sah so aus, wie ich sie verlassen hatte: Würg, kotz, brech! Sollte ich mir einen Job suchen und mich in die Arbeit stürzen? Während der Therapie war mir das alles nicht so bewußt geworden, weil ich da mit vielen Menschen zusammen war. Ich holte mir vom Therapeuten meine Streicheleinheiten und meine Schelte ab – man beschäftigte sich mit mir. Plötzlich wußte ich gar nicht mehr, wofür ich trocken bleiben sollte. Ich hatte eine ziemlich negative Lebenseinstellung. Meine Tochter war außer Haus. Ich fühlte mich auf einmal so schrecklich allein. Auf einmal war da nichts mehr, und ich fragte mich: Wofür machst du das alles? Das ist doch völlig sinnlos jetzt.

Du klammerst dich an Kinder, obwohl das sicher nicht richtig ist, aber du machst das. Und wenn es noch so negativ ist. Du hast dann irgend etwas. Du reißt dich zusammen, weil gewisse Pflichten da sind. Du mußt Essen kochen, die Wäsche in Ordnung halten. Du willst ja, daß dein Kind gepflegt aussieht, daß es ihm an nichts fehlt, und du raffst dich auf. Bei mir ging, wie gesagt, nichts mehr. Es ist wohl so, daß ich mich in solchen Situationen an jemanden klammere, und da kam A. mir gerade recht. Ich habe mir das damals vielleicht eingebildet, aber wirklich geliebt habe ich den Mann nie. Ich wollte, daß das so sei, aber es war nie so. Das war eine Flucht vor mir selbst. Ich wußte nichts mehr mit meinem Leben anzufangen und hoffte, daß es durch diese Beziehung irgendwie weitergehen würde.

Ich habe ihn das erste Mal gesehen, als ich auf Therapie war. Da war er mir schon durch sein Äußeres aufgefallen. Er machte einen ganz sanften Eindruck und hatte sehr zarte Hände. So etwas mag ich an Männern. Aber, das möchte ich auch gleich dazu sagen, das stimmt meistens nicht! Gerade die haben es meist faustdick hinter den Ohren. Er machte das so auf die Ruhige und bekam mich damit auch in aller Schnelle auf Hundertachtzig. Er brachte seine Aggressionen einfach anderes heraus.

Jedenfalls hatte ich ihn in Augenschein genommen, er mich ja wohl auch, und dann haben wir uns verabredet. Wir ehemaligen Klinikpatienten wollten uns am Wannsee treffen. Ich trank zu dem Zeitpunkt nicht und hatte den Eindruck, daß er auch nicht trank. Wir sahen uns dann öfter, gingen auch mal ins Kino oder so. Und irgendwie roch er immer so komisch. Aber ihm war ja nichts anzumerken. Er war ein ganz hervorragender Spiegeltrinker. Wenn du ihn nicht kanntest, konntest du ihm das nicht anmerken. Da mußte er wirklich schon einen über den Strich haben. Einmal fragte ich ihn: »Sag mal, trinkst du was?« – »Nein, überhaupt nicht!« – Und erst später, als ich dann bei ihm wohnte, fand ich die Flaschenbatterien alle – in sämtlichen Taschen.

So bin ich auch nicht lange trocken geblieben. Das hatte von Dezember bis Silvester angehalten, also vierzehn Tage. Silvester bestellten wir, ich und ein Bekannter, – der auch abhängig war – in der Kneipe eine Flasche Sekt. Wir wollten es nicht wahrhaben. Wir waren keine Alkoholiker! Das waren die Umstände. Gepflegtes Trinken mußte für uns doch möglich sein. Am nächsten Tag hörte ich auch wieder auf und war ganz vernünftig.

Kurz nachdem wir uns kennengelernt hatten, sagte er: »Also, wenn du mich wirklich liebst, dann ziehst du zu mir.« – Seine Frau hatte schon lange das Weite gesucht. Und ich ließ mich breitschlagen, obwohl ich mir vorgenommen hatte, mir die Sache mit uns erstmal in Ruhe ein halbes Jahr lang anzugucken. Ich hatte so ziemlich alles verkauft und nur das Nötigste mitgenommen.

Ich stellte etliches in seiner Wohnung um: Salz und Gewürze, so daß sie greifbar waren, oder nahm ein total eingerissenes Photo von der Wand. Das waren die ersten Kämpfe. Da machte er ein Affentheater. Nichts sei mehr wiederzufinden! Er sah immer nur die negativen Sachen. Ich fragte ihn, warum er so gedrängt hatte, daß ich zu ihm ziehe. Wenn er alles haben wollte wie vorher, hätte er ja auch allein bleiben können. Ich bin auch ein Mensch, der seine Gewohnheiten hat. Was ist denn daran so schlimm? Daß aufgeräumt und seine Wäsche gebügelt war, erwähnte er natürlich nicht. Wenn mal der Geschirrspüler nicht funktionierte, dann war ich es, die ihn kaputtgemacht hatte. Erschwerend kam noch hinzu, daß er einem Transsexuellen, den er vor mir kennengelernt hatte, ein Zimmer zur Verfügung gestellt hatte, weil er nicht allein sein wollte. Der lag A. zu Füßen, und er hat ihn auch irgendwie gemocht. Ich konnte mir schon vorstellen, was da lief, wenn ich nicht da war – A. war in sexuellen Beziehungen halbseiden. Dieser Typ war auch Alkoholiker. Er turnte immer in der Gegend herum und wurde häufig von der Polizei gebracht oder geholt. Es war ein scheußliches Theater. Als mir das zuviel wurde, forderte ich A. auf, sich zu entscheiden, mit wem er nun leben wollte. Mir war das eigentlich egal, ich wollte nur wissen, woran ich bin. Er entschied sich für mich. Wahrscheinlich schon wegen der Nachbarn, denn es wurde mit dem Typ wirklich sehr extrem. Der zog sich in den Kneipen aus, führte dort Busenhalter vor und so was – alles für einen Halben.

Wenn ich dann aber sagte, daß wir uns darüber gar nicht mehr zu streiten oder zu unterhalten bräuchten, wenn ich meine Koffer packte, um zu gehen, dann setzte er sich vor die Tür und ließ mich nicht raus. Das verursachte bei mir eine solche Wut, daß ich ihn hätte erschlagen können. Das allein war für mich schon ein Grund, mir einen zu ballern. Außerdem hatte ich immer Fluchtgedanken. Ich konnte das noch nie ab, wenn mich jemand nötigte oder einsperrte. Aber im Grunde genommen wußte ich ja auch gar nicht, wohin – diese Hilflosigkeit!

Ich hatte es schließlich geschafft, eine Beschäftigung zu finden. Schon allein, daß ich merkte, ich konnte es gar nicht ertragen, mit dem Mann einen ganzen Tage zusammen zu sein.

Er war ja arbeitslos. Er war Abteilungsleiter in einem großen Konzern gewesen. Dieser Position war er einfach nicht gewachsen. Er war nicht der Mann, der Befehle erteilen konnte, er stellte keine Autorität dar. Die Verantwortung war viel zu groß für ihn. Sie hatten dann die ganzen Batterien in seinem Schreibtisch gefunden und ihn mit einer Abfindung von über fünfundzwanzigtausend Mark hinauskomplementiert.

Er hockte den ganzen Tag zu Hause, bis er merkte, daß ich mich beim Arbeitsamt nach einer Umschulungsmaßnahme erkundigt hatte. Und schubbdi wuppti wupp saßen wir beide in einer Maßnahme. Er war einfach zu demselben Sachbearbeiter gegangen und hatte gefragt, ob er da nicht auch einsteigen könnte – nur damit er nicht allein zu Hause blieb.

Während des Lehrgangs, so ziemlich zum Schluß, bin ich dann einmal umgefallen und weggetreten. Ich hatte mir einen reingefegt. Der Arbeitsberater mochte mich, und ich konnte ihm meine Situation erklären: Ich wisse ja auch, daß das ein Dilemma sei. Ich sei mit einem Alkoholiker zusammengezogen und säße dann auch noch, ›unglücklicherweise‹, mit ihm im selben Lehrgang. Der Arbeitsberater sagte selbst, das sei ungeschickt von ihm gewesen. Ich zog dann den Lehrgang weiter durch, während er sich bemühte, mich woanders unterzukriegen. Er schlug mir eine Übungsfirma vor. Mir war alles recht, wenn ich nur etwas zu tun hatte und nicht zu Hause rumsitzen mußte. Also ging ich in die Übungsfirma und hatte da auch sympathische Leute um mich. Die mochten mich. Und ich merkte, daß ich richtig gut was drauf hatte. Das ging und flutschte, ich war ganz stolz auf mich. Dann kam eine Anfrage von den Stadtwerken. Die brauchten Aushilfskräfte wegen einer Tarifumstellung. Sämtliche Haushalte mußten neu erfaßt werden. Sie hatten eine Kollegin abgeworben, von der erfuhr ich, daß sie noch eine zweite suchen. Das hat auch geklappt, aber am Anfang fiel es mir sehr schwer. Ich war so unsicher.

Am Arbeitsplatz bin ich nicht so wie sonst. Da bin ich sehr ruhig, zurückhaltend und rede nicht viel. Die halten mich meist alle für maulfaul und seltsam. Aber ich muß immer erst warm werden und merken, was das für Leute sind, mit denen ich zu tun habe. Ob ich mir das leisten kann, irgendwas zu sagen. Ich höre oft wochenlang nur zu, um mir ein Bild von den Menschen zu machen. Da bin ich sehr vorsichtig. Ich will mich nicht in irgend etwas hineinziehen lassen.

Na, ich hatte wieder das Glück, daß meine Kolleginnen einfach nett zu mir waren, mir das Gefühl gaben, daß ich gebraucht werde. Endlich hatte ich wieder einen Job und konnte Geld verdienen. Ich riß mich zusammen und trank nichts. Mir ging es richtig gut. Und je besser es mir ging, desto schlechter ging es A. Der war jeden Abend voller, richtig demonstrativ. Er machte mir schon halb besoffen die Tür auf. Ich hatte acht Stunden am Bildschirm gesessen. Hunderttausende an Daten gaben wir da täglich ein. Das war harte, schwere Arbeit. Ich war geschafft. – Wenn ich nach Hause komme, möchte ich erst einmal eine halbe Stunde abschalten, mich hinsetzen, eine Tasse Kaffee trinken und die Zeitung lesen. – Und was machte er, wenn ich abends kam? Er nölte mich voll, bis ich langsam anfing zu brodeln. Richtige Haßgefühle kamen da hoch. Selbst wenn ich sagte, er solle mich erst einmal eine halbe Stunde in Ruhe lassen, er könne mir später alles erzählen, hörte er nicht auf. Andererseits konnte ich ihn auch verstehen, er war ja den ganzen Tag allein. Ich ging um halb sieben aus dem Haus und war erst um halb fünf wieder da.

Ich dachte: Reiß dich zusammen! Dir geht es jetzt gut, die mögen dich, du hast wieder eine Aufgabe gefunden, und wenn du Glück hast, übernehmen die dich vielleicht. – Ich hatte richtig gute Vorsätze, hatte mich sogar schon bei den Kollegen nach einer Wohnung erkundigt.

Das war wieder der Absprunggedanke. Aber ohne Geld? Heute würde ich noch andere Möglichkeiten sehen, aber damals mußten zumindest Job und Geld stehen, damit ich eine Wohnung bekommen konnte. Der gute Wille, aus dieser Situation herauszukommen, war immer da.

Er war von Abend zu Abend schlimmer besoffen. Das geht natürlich nur eine Weile gut, denn wenn du selbst nichts trinkst, nervt dich das zu sehr. Ich war abgespannt, wollte einfach was essen – und dann er, der immer auf mich einredete. Selbst wenn ich nichts sagte.

Ich bin meistens extra früher ins Bett gegangen. Damit ich wenigstens noch Schlaf hatte, damit ich fit war für den nächsten Tag. Ich gehe sonst nicht so früh schlafen, auch nicht, wenn ich arbeite. Weil er dann aber noch gut drauf war, durfte ich nicht schlafen gehen. Er meckerte mich an, nannte mich Schlampe und so, und regte sich auf, weil ich schon ins Bett gehen wollte. Und ich hatte nur ein Bedürfnis: schlafen. Denn ich wußte, daß ich in einer dreiviertel Stunde sowieso wieder hellwach sein würde. Dann suchte ich nach einer Flasche, weil ich ansonsten die ganze Nacht nicht hätte schlafen können. Und er schnarchte wie ein Tier. Ich flüchtete ins Nebenzimmer. Schon dafür haßte ich ihn. Oder er fing, wenn wir mal zusammen schlafen gingen, einen solchen Streit an, daß ich die Nacht vor lauter Aufregung nicht schlief. Er hingegen drehte sich um und schnarchte. Ich hätte ihn erschlagen können.

Ich bin morgens um sechs, manchmal auch schon viertel nach fünf aufgestanden. Das machte mir gar nichts aus. Ich fühlte mich gut dabei. Arbeit hat mich noch nie umgebracht, wenn sie mir Spaß bringt. Dann machte ich mir in aller Ruhe mein Frühstück, bin aufs Fahrrad gestiegen und zur Arbeit gefahren.

Und dann abends: wow, Feierabend! Alle freuten sich darauf, nur ich nicht. War es tatsächlich schon wieder vier Uhr? Scheiße! Dann ging ich ins Einkaufszentrum, guckte mir Geschäfte an und troddelte durch die Straßen. Das waren dann zweieinhalb Stunden, die ich abgerissen hatte, ohne mir ihn anhören zu müssen. Ja, und irgendwann mußte ich ja heim. Lallend empfing er mich und machte mir Eifersuchtsszenen! Heute könnte ich darüber nur noch lachen. Aber damals? Das zehrte doch ganz schön an den Nerven. Da hast du nicht den Humor, den du bräuchtest, um wirklich drüberzustehen.

Er hatte ja auch nüchterne Phasen und zitterte sich so manche Tage durch. Ich half ihm, hielt ihm den Kopf und wischte seine Kotze weg. Man soll ja die Hoffnung nie aufgeben. Drei Tage lang hatte ich die ganze Arbeit, die Verantwortung und die Angst, daß er Anfälle bekommt. Die schlimmsten Erscheinungen hatte er, Delirien, und wanderte nachts herum. Aber wenn er flach lag, ging es mir meistens ganz gut. Dann war er mein Pflegefall. Und am dritten Tag, wenn er wieder normal gehen konnte, kaufte er sich die nächste Flasche! Was ich da mitbekommen habe, das war vom Feinsten, wirklich! Vielleicht bin ich deswegen heute noch trocken.

Wir waren auch mal zusammen nüchtern. Dann fuhren wir raus, mit dem Bus oder mit dem Rad. Das war dann richtig schön. Er war umgänglich, ruhig und friedlich. Das mochte ich. So hatte ich ihn ja kennengelernt. Dann haben wir Schach gespielt oder Musik gehört, sind ins Kino und zu Konzerten gegangen. So gefiel mir das.

Wir sprachen auch mal ernsthaft darüber, mit dem Trinken aufzuhören. Wir hatten eigentlich beide recht gute Ideen, was wir alles machen könnten, wie schön es sein könnte, und daß wir doch auch Perspektiven hätten. Er hätte sich mehr um seine Malerei kümmern können, und ich hätte vielleicht wieder einen Job gefunden. Solche Gespräche liefen gut und gaben mir immer wieder die Hoffnung, solche Entgiftungen zu Hause durchziehen zu können. Ich dachte, es könnte gehen, wenn wir beide nicht tränken. Im nachhinein weiß ich, daß das nie funktioniert hatte, weil ich im Hinterkopf immer trocken werden wollte, er aber nicht. Ihm war das alles scheißegal. Er hatte schon zig Kuren hinter sich.

Er hatte unglaubliche Minderwertigkeitskomplexe, fühlte sich als Versager – obwohl er sehr kreativ und intelligent war. Er malte, er batikte, und er war klug. Das fand ich an ihm ja so schön. Aber manchmal hatte ich auch den Eindruck, daß er schon verrückt war. Er hielt sich ja für ein verkanntes Genie, und seine Bilder wurden auch immer wirrer und abstrakter. Dann berief er sich auf Wahnsinnskünstler, die alle irgendwo verrückt waren. Das hielt er für legitim. Ein wahrer Künstler trank, war ein bißchen verrückt oder suchtkrank. Oder er hackte sich ein Ohr ab. Das gehörte dazu.

Und er war eben auch sehr, sehr unehrlich. Er rückte sich immer ins rechte Licht, tat, als hätte er einen Heiligenschein verdient. Seine Exfrau schickte ihm immer noch

Geld – mal vierhundert, mal fünfhundert Mark. Und er stellte sich so dar, als nähme er keine Almosen. Mir sagte er immer, er schicke das Geld zurück. Aber das hat er natürlich nie gemacht. Er hat es versoffen.

Er konnte nicht mit Geld umgehen. Wenn keins da war, zitterte er sich halt durch. Aber eigentlich war es immer da. Bei mir war es ja auch so. Zum Saufen hatte ich immer Geld. Ich hab nie deshalb klauen oder anschreiben lassen müssen.

Und dann war da irgendwann ein Freitag, da machte er mir heulend die Tür auf und sagte, er habe Aids. Er habe nicht mehr lange zu leben. Und sein kleiner Sohn – den würde er nun gar nicht aufwachsen sehen. Ich rief bei seinem Arzt an und fragte, ob er einen Termin gehabt habe, ob er bestellt gewesen sei. Nischt!

In dem Moment, als er mir das erzählte, da war mir gar nicht nach Trinken. Da war ich nur hilflos. Irgendwie nahm ich es doch auch ernst. Oder gab ihm zumindest das Gefühl. Ich weiß gar nicht, was mich daran so schockiert hat. Wahrscheinlich die brutale Art, wie er mich dazu bringen wollte, für ihn dazusein. Der schreckte vor nichts zurück. Damit hat er es schließlich geschafft. Ich hatte das nun wochenlang mitgemacht: ihn jeden Tag im besoffenen Zustand ertragen, mich nerven lassen. Das konnte ich nicht länger aushalten. Ich glaubte ihm nicht. Ich war enttäuscht, so enttäuscht! Und dann hab ich vor Wut gesoffen. Ich habe mir den Kopf zugemacht, weil ich das nicht mehr ertragen konnte. Und er? Er war wieder zufrieden. Ich hörte gleich den nächsten Tag wieder auf. Doch dann wurde es von Tag zu Tag mehr. Ich hatte die ganzen Jahre nie im Dienst getrunken, und wenn ich da mit zitternden Händen saß. Es war mir so peinlich! Bis zum Wochenende hielt ich durch, dann stürzte ich wieder ab und mußte erst einmal krank machen. Ich konnte nicht mehr. Auf der Arbeit kam dann heraus, daß ich Schwierigkeiten mit Alkohol hatte. Die ließen den Vertrag nicht verlängern, und im Dezember lief er aus.

Ich zog das bis Dezember noch durch. Abends bin ich mit Kolleginnen kegeln oder in die Sauna gegangen, bloß damit ich nicht nach Hause mußte. Er war oft, wenn ich dann kam, im Sessel eingeschlafen. Ich versuchte, kein Geräusch zu machen, stellte den Fernseher ganz leise und machte das Licht aus. Das habe ich richtig genossen, dieses Sich-Nicht-Ansabbeln-Lassen-Müssen. (Es war ja nie etwas Weltbewegendes, alles nur so eine Scheiße, die mich nicht interessierte, so philosophische Betrachtungen. Oder er fing an zu weinen.) Und dann habe ich mir ganz leise einen reingepfiffen. Ich war ja selber nie laut. Ich wollte immer nur meine Ruhe haben. An solchen Abenden habe ich ihn nie geweckt, obwohl er vielleicht da gesessen und auf mich gewartet hatte.

Silvester fing ich dann wieder richtig an – bis zum Erbrechen. Und dann wurde es ganz finster:

Morgens mußte, wer zuerst auf den Beinen war und in die Stiefel kam, losgehen, wenn nichts zu Trinken im Haus war. Manchmal hatte ich mir abends noch etwas eingeschenkt, so ein Wasserglas voll. Natürlich wußte ich am nächsten Morgen nicht, wo ich es vor ihm versteckt hatte. Aber wenn ich es dann gefunden hatte! Gegenseitig haben wir uns den Schnaps ausgesoffen. »Du warst an meiner Flasche! Ich versteck die jetzt!« – »Gut, dann hol ich mir meine eigene. Die verstecke ich auch!« – Es war wie im Kindergarten. Wenn ich mein Glas dann gefunden hatte, war ich richtig glücklich, daß ich zuerst einen drin hatte, daß ich ihm wieder zeigen konnte, wie gut es mir ging. Daß ich nicht so mies drauf war wie er. Ich hab mich immer gefreut, wenn es ihm schlechtging. Richtig kotzen mußte er. Was mir nur Angst machte, waren seine Delirien und Krampfanfälle.

Das Schlimmste für mich war dieses Sich-Gegenseitig-Hochschaukeln. Ich geriet so aus der Façon, daß ich sogar handgreiflich wurde oder mit Schimpfwörtern um mich warf, erschreckend! Das hatte nicht einmal mein Mann geschafft, und er hatte mich auch erniedrigt. Mein Saufverhalten wurde extrem.

Daß der Vertrag nicht verlängert wurde, wo ich mich dort so sauwohl gefühlt hatte und die alle so nett zu mir waren, hat mich schwer getroffen. Die hatten mir sogar ein Abschiedsgeschenk gemacht. Ich bin fast wahnsinnig geworden. Die Augen habe ich mir aus dem Kopf geheult. »Wie konntest du dir das versauen?« – Und dann diese Wut über meine eigene Unfähigkeit, das nicht in den Griff bekommen zu haben. Bereits eine Woche nachdem ich das erfahren hatte, war ich breit wie eine Axt. Ich hatte mir Lambrusco gekauft. Keine zwei Minuten, und dann schoß mir das Zeug wie eine Fontäne aus dem Hals. Nichts blieb mehr drin. Ich konnte weder essen noch trinken. Selbst das Wasser kam wieder raus. Absolute Blockade. Mein Körper hatte dichtgemacht. Da bin ich dann zum Arzt gegangen, ich wollte irgend etwas zur Beruhigung haben. Ich konnte nicht mal mehr laufen, ein Freund hat mich hingebracht. Da saß ich nun, zitternd, mit Schweißausbrüchen, und wußte, irgend etwas passiert jetzt. So konnte es ja nicht weitergehen. (A. war da Gott sei Dank schon zur Kur. Die hatte er irgendwann mal beantragt.)
Ich sagte, ich müsse ins Krankenhaus. Wohin ich denn wolle? Das war mir so was von egal, ich brauchte nur ärztliche Hilfe! Ob ich ins Waldhaus wolle, fragte er. Aber das ging auf keinen Fall, da hatte ich ja schon zweimal Entgiftung gemacht – das war so schön in der Nähe, und irgendwie schmeckte da das Essen auch gut. Aber ich war wirklich unbeliebt dort, weil ich seinerzeit so penetrant gewesen war: »Sie können mich nicht ablehnen. Ich will hier bleiben! Ich will hier Entgiftung machen.« – Ich bin ja immer freiwillig hin. Mich hat nie jemand in eine Klinik gebracht. Ich habe dem Arzt immer rechtzeitig gesagt, daß ich Alkoholikerin sei und eine Einweisung brauche. Das ist natürlich auch ein herrliches Alibi, wenn man nicht mehr kann. Jetzt blieb also nur die Ka-Bo-N. War mir ganz egal, und so bekam ich die Einweisung für Bonnys Ranch.
Ich habe gedacht, ich mache jetzt drei Wochen richtig intensiv Entgiftung und nicht nur fünf Tage. Sonst, wenn es

mir gutging, dann mußte ich raus. Ich hielt das immer gar nicht aus und dachte, ohne mich ginge die Welt unter. A. käme ohne mich nicht zurecht und so weiter.

Auf Station angekommen habe ich drei Nächte hintereinander nicht geschlafen, ich war nur wach. Ich dachte: Das mußt du überstehen! – Und so allmählich nahm ich bewußter auf, was da um mich herum war. Auf einmal war ich also in einer Alkiklinik. Ich sah mir die Gestalten mal genau an. Und nach drei, vier Tagen war es mir klar, daß ich eine Therapie machen wollte. So hätte ich nicht enden mögen. Ich wollte es schaffen, vom Alkohol loszukommen. Koste es, was es wolle. Es wurde auch dort im Haus Therapie angeboten, darum bewarb ich mich. Ich klemmte mich richtig dahinter und habe es schließlich geschafft. A. war inzwischen wieder zu Hause und, wie ich am Telefon hörte, auch schon wieder blau. Das bestätigte mich erst recht darin, die Therapie durchzuziehen. Und so nach und nach, auch durch die Gespräche mit den anderen, wurde mir klar, daß ich nicht zu ihm zurückgehen wollte. Innerlich kämpfte ich noch mit mir. Ich dachte, ich dürfe den armen A. nicht allein lassen. Irgendwann glaubte ich sogar, daß er mich liebt und ich ihn. Aber das waren keine Gefühle, das war eine Klammersituation. Wir hielten uns aneinander fest wie zwei Einbeinige. Der eine stützte den anderen, damit keiner umfiel. Oder besser: wie zwei Nichtschwimmer im Wasser, die sich gegenseitig retten wollen. Das läuft ganz unbewußt ab. Das wird einem erst viel später klar. Aber irgendwie irgendwann hatte ich mich dazu durchgerungen, nicht zurückzugehen. Sonst hätte ich wieder angefangen zu trinken, und dann wären wir beide untergegangen. Es ist verdammt schwer, jemanden, den du magst, vor die Tür zu setzen. Da gehört schon einiges zu. Und wenn du das anderen erzählst, dann denken die schon, daß das schweinisch von dir ist.

Auf Bonnys Ranch habe ich mich sehr schwer getan. Im Grunde genommen hatte ich ja keine lange Saufphase hinter mir. Tief im Inneren wußte ich immer, daß ich es irgendwann schaffen würde. Ich wußte nur lange Zeit nicht, wie.

Ich merkte immer nur, daß ich mich schlecht fühlte. Ich wollte mich nicht um mich und meine Probleme kümmern. Ich kam ja doch nie dahinter, warum es mir schlechtging. Ich hatte mein Mich-Schlecht-Fühlen immer als Macke betrachtet. Ich hatte das nie wichtig genommen, da ich nie lokalisieren konnte, wo bei mir etwas im argen lag.

Der Mensch braucht eine Aufgabe. So war für mich diese Partnerschaft zur Aufgabe geworden. Mit der Beziehung zu A. hatte ich mir meine Pflegeaufgabe herangezogen. Dahinter bin ich erst ganz langsam, durch sehr intensive Gespräche und sehr aufmerksames Zuhören gekommen.

Ich litt an diesem Helfersyndrom, an dem Bedürfnis, immer den anderen zu helfen und nicht mir selbst. Mit diesem Helfen konnte ich immer von mir und meinen eigenen Problemen ablenken, denn wer sich viel um andere kümmert, der braucht sich nicht um sich selbst zu kümmern.

Die Hauptarbeit habe ich in den vier Monaten geleistet, aber nach der Therapie habe ich noch sehr viel Kraft aufwenden müssen, um wenigstens ein etwas anderes Lebensgefühl zu bekommen. Denn nur mit dem Trinken aufzuhören, damit ist es nicht getan. Du mußt ja erstmal versuchen dahinterzukommen, was dich quält, was dich dazu bringt, dir den Kopf immer zuzumachen.

Ich bin dahintergekommen. Was ich immer vermutet hatte, aber nie wahrhaben wollte. Ich dachte immer, andere Menschen haben doch auch eine beschissene Kindheit gehabt, und die leiden nicht und saufen auch nicht. Aber es hat sich tatsächlich bewahrheitet. Es hatte sehr, sehr viel mit meiner Kindheit zu tun.

Ich bin sehr früh selbständig gewesen, aus der Not heraus, um von der Zuneigung meiner Mutter oder der Familie nicht abhängig zu sein. Ich wollte immer beweisen, daß ich allein in der Lage war, mein Leben zu führen. Daß ich arbeiten konnte, daß ich mein Kind großziehen konnte, auch ohne Mann. Und dann kam das, was ich nicht wollte: Ich merkte, daß ich es nicht packe.

Ich bin so froh darüber, daß ich es geschafft habe, von ihm und dem Alkohol wegzukommen. Auch das mit den Möbeln war mir nicht mehr wichtig. Es geht immer weiter. Du mußt dich nur entschließen. Du mußt dich nur frei machen! Du findest Möglichkeiten und Wege. Alles kannst du neu anfangen. Im Grunde genommen kannst du überall leben, wo du dich wohlfühlst, überall in der Welt. Heute hätte ich keine Angst mehr davor, noch einmal irgendwo total neu anzufangen. Auf jeden Fall würde ich es probieren. Früher war mir das unvorstellbar. Alles war so groß und für mich gar nicht machbar. Das sehe ich heute ganz anders.

Es ist jetzt viereinhalb Jahre her. Einundeinhalb Jahre habe ich mit A. zusammengelebt, aber manchmal kommt es mir vor wie zehn Jahre. Wenn wir das körperlich durchgehalten hätten, dann hätten wir das Spielchen noch jahrelang weitertreiben können. Puh!

Noch als junges Mädchen hatte ich mir alles im Leben vorstellen können, aber so etwas? Ich hätte nicht gedacht, daß es so was überhaupt gibt. Jeder hat ja so seine eigene Empfindungsschwelle, aber das, was ich mit A. erlebt habe, das will ich nicht nochmal miterleben. Das war für mich der absolute Horrortrip. Das war das Schlimmste, was ich mir je habe vorstellen können. Aber es hat mir geholfen, trocken zu werden! Gerade weil es so extrem war.

Damals dachte ich, die Beziehung mit A. wäre eine Möglichkeit zu leben. Und sexuell war es mit ihm auch nicht das Schlechteste. Aber das war nicht ausschlaggebend. Ich brauchte jemanden, um den ich mich kümmern konnte.

Es war eine schmerzhafte, langwierige Erfahrung. Aber ich mache gefühlsmäßig oder instinktiv immer das Richtige. Wenn das auch nicht gleich zu erkennen ist, im nachhinein sehe ich immer etwas Positives, an allem.

Mein letzter Freund war auch Alkoholiker und mehr als

sechzehn Jahre trocken. Den habe ich zum Beispiel sehr geliebt. Er hat sich nun von mir getrennt. Und ich, um mich von ihm frei zu machen und nicht so viel zu leiden, stürze mich in eine nächste Beziehung – oder versuche es zumindest. Und wenn die in Wismar sitzt! Ich beschäftige mich damit. Da kann ich schreiben, da kann ich telefonieren, kann meiner Phantasie freien Lauf lassen und mich langsam von der alten Geschichte lösen.

Ich habe ja fast nur Beziehungen mit Abhängigen hinter mir. Ich glaube, daß das daran liegt, daß ich mich zu Menschen, die nicht trinken, hingezogen fühle. Und das sind meistens Alkoholiker. Wenn einer trinkt, dann wundert er sich, warum ich nichts trinke, und ich muß das alles erzählen.

Ich habe den Hang, immer alles zu erklären. Es muß immer von vornherein alles klar und deutlich sein, so, daß es keine Mißverständnisse gibt. Ich stehe ganz offen vor dem anderen da, auch mit meinen Schwächen. Das gibt mir ein gutes Gefühl. Vielleicht liegt das auch an unserer Krankheit, daß wir uns immer erklären müssen?

Das ist meine Art, durchs Leben zu kommen. Ob das nun vernünftig ist, das weiß ich nicht, und bis heute kann ich manches nicht begreifen. Aber ich komme einfach besser damit zurecht.

Materielles steht für mich nicht mehr im Vordergrund. Ich bin ja auch nicht verhungert, inzwischen. Ich sehe, daß es weitergeht, das Leben. Mir geht es gut. Mir ist es in meinem ganzen Leben noch nicht so gut gegangen.

DIE ABHÄNGIGKEIT VOM ABHÄNGIGEN

Sieben Frauen haben die Geschichte ihres Zusammenlebens mit einem alkoholkranken Mann erzählt – vom Tag des Kennenlernens bis hin zur heutigen Situation. Es zeigt sich, bei aller Individualität der einzelnen Schicksale, eine deutliche Übereinstimmung in den Problemen, die speziell den Frauen aus einer solchen Partnerschaft erwachsen. Bestimmte Stationen im Ablauf der Beziehungen ergeben so etwas wie einen roten Faden, der nun noch einmal verfolgt werden soll.

Erkennen der Sucht

Die Frauen lernen ihre Partner unter vollkommen normalen Umständen kennen: bei der Arbeit, im Verein oder während eines Urlaubs. Bei geselligen Anlässen wird getrunken, wobei die Frauen selbst oft und gern mithalten – zumindest zu Anfang. Der Gedanke an den nächsten Morgen, an den drohenden Kater und die anstehenden Pflichten scheint jedoch die Frauen eher von exzessivem Trinken abzuhalten als ihre Männer.

Relativ schnell registrieren die Frauen einen gravierenden Unterschied zwischen ihrem eigenen Trinkverhalten und dem ihrer Männer: Die trinken jeden Tag, die finden immer neue Gründe, die kippen die ersten Gläser hastig. Das scheint nicht normal. Von solchen Beobachtungen bis zu der Erkenntnis, daß der Partner den Alkohol braucht, ist es für manche Frauen ein langer Weg, andere haben blitzartig Klarheit: *Der Gedanke kam – und da war er*. Was alles jedoch mit dem Begriff »Alkoholismus« verbunden ist, davon hat keine der Frauen zu diesem Zeitpunkt eine Vorstellung.

Mit der Erkenntnis: *Mein Mann trinkt anders als andere*, wächst die Aufmerksamkeit gegenüber dem Partner, seinem Verhalten und seinem Alkoholkonsum. Die Frauen fangen an, ihm Vorhaltungen zu machen, bitten ihn, bei bestimmten Gelegenheiten nicht so viel zu trinken, versuchen, seinen Alkoholkonsum zu kontrollieren, oder nehmen ihn im Extremfall gar nicht erst zu einem Fest mit, um sich Peinlichkeiten zu ersparen. Sie finden in irgendwelchen Verstecken leere Flaschen. Sie beschnuppern ihren Mann, wenn er nach Hause kommt. Sie merken, daß er nach Gelegenheiten sucht, heimlich zu trinken. Sie ertappen ihn bei Lügen. Gegenseitige Vorwürfe, Enttäuschungen und Kontrollversuche seitens der Frauen führen zu ewig wiederkehrenden Streitereien, die als zermürbend und die Beziehung zerrüttend geschildert werden. Aufbrechende Konflikte kreisen bald nur noch um das Thema Alkohol. Die Frauen fühlen sich dem Geschehen hilflos ausgeliefert. Sie entwickeln für das Trinkverhalten ihres Mannes immer mehr Gespür und konzentrieren sich im Alltag immer stärker darauf.

Sie können nicht nachvollziehen, daß ihre Partner unter dem Zwang stehen zu trinken und daß dieser Zwang eine Krankheit ist. Sie erleben schwere Persönlichkeitsveränderungen an ihren Partnern, verstehen jedoch nicht, daß diese Veränderungen ursächlich mit dem Alkoholmißbrauch zusammenhängen und ein Teil der Krankheit sind.

Vielmehr schenken die Frauen etwaigen Versprechungen immer wieder Glauben, schöpfen Hoffnung auf eine Veränderung des Partners – und damit der Lebenssituation. Sie hängen an ihrem Mann und wünschen sich ein harmonisches Zusammenleben, eine intakte Familie. Andere Gründe dafür, daß sie nicht früher »aufwachen« und ihrerseits Konsequenzen ziehen, sind möglicherweise die langjährige Gewöhnung an den Partner oder auch die Angst vor finanziellen Verlusten beziehungsweise finanzieller Abhängigkeit infolge einer Trennung.

Suchtentwicklung und
Hoffen auf ein Wunder

Die Frauen geraten, ähnlich wie ihre Partner, in eine zunehmende soziale Isolation. Sie gehen immer weniger ihren eigenen Interessen nach, vernachlässigen die Kontakte zu Freunden und Bekannten. Sie schämen sich für das, was sie zu Hause erleben, und empfinden ihre eigene Unsicherheit gegenüber dem trinkenden Partner als zusätzliche Belastung. Sie quälen sich mit Fragen, suchen nach Erklärungen und entwickeln Schuldgefühle. Sie fühlen sich schuldig oder mitschuldig am Verhalten ihres Partners und werden nicht selten auch noch von ihm darin bestärkt.

In dieser Phase mögen die Frauen ungern mit ihren Erlebnissen nach außen treten oder sich mit anderen austauschen. Noch glauben sie an eine Lösung, ohne diese jedoch konkret benennen zu können: *Es war so 'n kindliches Hoffen, ein Hoffen auf 'n Wunder.*

Das Wechselbad aus Hoffen und Enttäuschtwerden schildern die Frauen als Hauptbelastung der Beziehung. Sie verbinden mit ihrer Hoffnung auf Veränderung die Vorstellung von einem Partner, auf den sie sich im Zweifelsfall auch stützen können, der Freude und Sorgen des Alltags mit ihnen teilt. Auffällig ist dabei jedoch, daß die Phase des glücklichen Zusammenseins, der gleichgewichtigen Aufteilung von Aufgaben, Pflichten, Rechten und Freiräumen in diesen Beziehungen kaum existierte oder sehr kurz war. Die Frauen fühlen sich schnell für das Leben ihres Partners mitverantwortlich und sind dadurch sehr früh in wachsende Verpflichtungen eingebunden. Schritt für Schritt übernehmen sie die Aufgaben ihres Partners im innerfamiliären wie außerfamiliären Bereich. Sie versuchen, den Kindern den Vater zu ersetzen oder das notwendige Geld zu verdienen, um den gewohnten Lebensstandard zu halten. Sie sehen die ganze Familie durch die drohende oder eintretende Arbeitslosigkeit des Mannes existenziell gefährdet. In einigen Fällen verliert der Mann tatsächlich seinen Arbeitsplatz, da er den Anforderungen nicht mehr gerecht wird, die Arbeitsstelle nicht mehr aufsucht oder von selbst kündigt.

Nur eine Frau beschreibt, daß sie ihren Mann auch dann noch mit seinen Verpflichtungen konfrontiert, als sie weiß, daß er den Anforderungen kaum noch nachkommen kann. Sie ist nicht bereit, die Konsequenzen seines Trinkens mitzutragen und entwickelt einen Standpunkt, der ihr die nötige Sicherheit im Auftreten ihm gegenüber gibt: *Wenn einer gehen muß, dann er.*

Einige Frauen ziehen auch den Hausarzt zu Rate, machen dabei jedoch oftmals die Erfahrung, daß dieser genauso hilflos ist wie sie selbst. Auch den Ärzten scheint die Diagnose »Alkoholismus« schwerzufallen. Sie scheinen das Problem mit all seinen Auswirkungen auf die körperliche und seelische Gesundheit der ganzen Familie lange Zeit nicht zu erfassen und ermahnen die Angehörigen zu mehr Verständnis für den Kranken. Dem Alkoholabhängigen begegnen sie häufig mit der Geste des brüderlich / väterlichen Freundes und raten ihm, »mal ein bißchen weniger« zu trinken. Die Frauen erleben dieses unangemessene Verhalten als Zeichen großer Wissensdefizite in der Ärzteschaft. Die ärztlichen Ermahnungen oder Therapieversuche mit Psychopharmaka, Antabus und/oder kurzen Gesprächseinheiten erscheinen wenig erfolgreich. Im allgemeinen fühlen sich die Frauen von den Ärzten gar nicht oder kaum verstanden: *Ärzte schaffen sich das Problem vom Leib, indem sie Rezepte ausstellen und mir sagen: So schlimm ist das doch nicht. – Der Arzt hat ja nur für die Kranken Verständnis.*

Auf ihrer Suche nach Rat und Hilfe werden die Frauen hellhöriger und nehmen Informationen aus den Medien (Fernsehen, Zeitungen und Radio) bewußter auf. Im Freundes- und Bekanntenkreis hören sie gespannt zu, wenn von Alkoholismus oder einem Alkoholiker die Rede ist. Dennoch haben die Frauen noch lange Zeit Schwierigkeiten, diese verstandesmäßig aufgenommenen Informationen konkret mit dem in Zusammenhang zu bringen, was sie zu Hause erleben. Sie haben Mühe, die volle Bedeutung der Abhängigkeit zu erfassen, und erblicken im Verhalten ihres Partners immer wieder Ansätze, die die Hoffnung stärken. So verdrängen sie immer wieder erfolgreich die Gefühle von Hilflosigkeit, Ohnmacht, Angst und Einsamkeit.

Sozialer Abstieg und eigene existenzielle Bedrohung

Die Angst vor starken finanziellen Schwierigkeiten, vor dem sozialen Abstieg, erleben alle betroffenen Frauen gleichermaßen. Dabei spielt es eine untergeordnete Rolle, wie hoch das Einkommen vor der finanziellen Bedrohung war – ob, wie in einem Fall, der Mann durchschnittlich 15 000 DM im Monat verdiente oder ob es sich um Sozialhilfeempfänger handelt. Letztendlich erleben alle Frauen eine unaufhaltsame, fortschreitende Verschlechterung ihrer finanziellen Situation – bis hin zur Verschuldung – und damit eine Bedrohung ihrer Sicherheit.

Frauenspezifisches Verhalten,
die eigene Abhängigkeit

Insgesamt fühlen sich die Frauen stark in ihrer Rolle als mütterlich Umsorgende angesprochen. Lange Zeit werden sie dieser Rolle auch gerecht, ohne darüber nachzudenken, was sie damit im Verhalten des Mannes unterstützen. *Ich hatte immer das Gefühl, ich müsse meinen Mann beschützen.* Den Frauen ist nicht klar, daß sie sich schon mitten im Kreislauf der Sucht befinden und ihn mit den vollkommen falschen Mitteln aufzuhalten versuchen. Statt ihrem Partner zu helfen, ermöglichen sie ihm das Weitertrinken und leisten unermüdliche Sisyphusarbeit.

Eine Frau entwickelt zu dem Zeitpunkt, der für andere bereits das Ende ihrer körperlichen, geistigen und seelischen Kräfte und Aufgabe der Beziehung bedeutet, immer noch Möglichkeiten, ihr eigenes Leben unabhängig so zu gestalten, daß die Notwendigkeit zur vollkommenen Änderung fehlt. Zwar beschreibt sie eindrücklich, wie sie sich von ihrem Partner trennen will, für sich selbst jedoch hat sie so viele Freiräume entwickelt, daß ihre Art zu leben nicht bedroht ist. Im Gegenteil, sie gewinnt im Zusammenleben mit dem Partner immer mehr Abstand zu ihm. Die Beziehung entwickelt sich für sie zu einem Verhältnis zwischen Vermieter und Untermieter, mit klar geregelten, finanziellen Absprachen. Dennoch fühlt sie sich in ihrer Rolle als mütterlich Versorgende dem Partner verpflichtet. Ihn *nach all den Jahren aus der Wohnung zu schmeißen* kann sie mit ihrem Moralempfinden und Gewissen nicht vereinbaren. Sie trifft keine Entscheidung, die losgelöst von seinem Sein oder Nicht-Sein, Trinken oder Nicht-Trinken in erster Linie ihr Leben betrifft, sondern erwartet immer noch eine Entscheidung des Partners.

Eine andere Frau kann den Teufelskreis aus gefühlsmäßiger Abhängigkeit vom Partner und eigenem süchtigen

Fehlverhalten (Essen, Marihuana) nicht durchbrechen und gerät schließlich in eine Situation, in der sie sich eine Ablösung von ihrem Partner nur noch in Form seines Todes vorstellen kann: ... *du lernst ihn hassen. Es gibt Momente, wo du dir wirklich wünschst, ihn umbringen zu können.* Doch im Kontrast zu diesen Phantasien wird sie in ihrer realen Situation immer hilfloser, so daß sie als letzten Ausweg nur noch den Selbstmord sieht. Erst nach ihrem Suizidversuch, den sie als Endstation jeder Empfindung, jeder Hoffnung und jedes Lebenswillens erlebt, ist sie in der Lage, eine Entscheidung für ihr Weiterleben zu fällen – das heißt, sich von ihrem Partner zu trennen.

Eine selbst alkoholkranke Frau kann erst im Laufe der eigenen Entgiftung den Entschluß zu einer Trennung fassen. Im Zuge ihres Trockenwerdens ist ihr bewußt geworden, daß sie in ihrem Leben entweder gar keinen Sinn gesehen hat oder den, daß sie für Ehemann und Kind, nur für ihr Kind oder später für andere Männer dazusein hätte. Auf sich allein gestellt hatte sie nicht gewußt, wofür sie leben sollte. *Ich brauchte eine Aufgabe, und da habe ich mir die Beziehung zur Aufgabe gemacht. Ich habe ihn als meinen Pflegefall betrachtet.*

In allen geschilderten Beziehungen existiert eine spezifische Form der Abhängigkeit zwischen einem alkoholkranken Mann und einer fürsorglichen Frau, die meint, ihren Partner nicht einfach seinem Schicksal überlassen zu können. Unterschwellig scheinen die Frauen das *Gefühl, gebraucht zu werden,* zu brauchen. Bereitwillig übernehmen sie ein Übermaß an Verantwortung und Verpflichtungen und verhalten sich ihren Partnern gegenüber mütterlich. Damit sorgen sie unbewußt dafür, daß sich an den Gegebenheiten nichts ändert, im Gegenteil, die Lage immer schwieriger wird. Lange Zeit sträuben sie sich, die Krankheit ihrer Partner als solche zu akzeptieren und ihre Schlüsse daraus zu ziehen; überwiegend ziehen sie sich auf irrationales Hoffen zurück.

Besonders kompliziert gestalten sich die Beziehungen zwischen zwei suchtkranken Menschen. Hier können sich die Frauen in ihrer Abhängigkeit vom Partner am wenigsten verleugnen, da sie aufgrund ihrer eigenen Lebensführung schneller an ihre seelischen, geistigen und körperlichen Grenzen geraten. Aus dem Gefühl heraus, selbst existenziell bedroht zu sein, finden diese Frauen Zugang zu der Frage, ob sie so weiterleben, leiden und vielleicht sogar sterben wollen oder ob sie sich ein leichteres, zufriedenstellenderes, schöneres Leben wünschen. Zentrale Beweggründe für die Entscheidung, das derzeitige zerstörerische Zusammenleben zu beenden, bleiben: Glaube, Liebe, Hoffnung. Der Glaube an die eigenen Kräfte und an eine glückliche Zukunft, die Liebe – vor allem zu sich selbst – und die Hoffnung auf eine Veränderung zum Positiven für das eigene Leben.

Wenn die Frauen sich endgültig von ihrer Rolle als Fürsorgerin verabschiedet haben, geben sie vielfach dem Partner und damit der Beziehung eine »letzte Chance«. Das gelingt ihnen aber erst dann, wenn sie sich innerlich sehr weit von ihrem Partner gelöst, vielleicht sogar schon die Scheidung eingereicht oder sich eine andere Wohnung gesucht haben. Dieses Ultimatum löst vielfach bei den alkoholkranken Partnern den seelischen und körperlichen Zusammenbruch aus, macht sie bereit, ihre »letzte Chance« zu ergreifen. Das heißt: vollkommene Abstinenz zu erreichen. Mögliche Wege dahin sind ein Krankenhausaufenthalt mit anschließender ambulanter Beratung und Selbsthilfegruppe oder Langzeittherapien.

Um ihre eigene Abhängigkeit zu erkennen, um sich einzugestehen, daß ›er‹ oder ›es‹ sich nicht von selbst ändern wird, um also selbst klar entscheiden und handeln zu können, müssen jedoch alle Frauen an den Punkt der eigenen Ermattung, der totalen Erschöpfung geraten sein. Die Summe aus Angst, psychosomatischen Störungen, eigener existenzieller Bedrohung (Schläge, finanzieller Ruin, Selbst-

mordgedanken), Haßgefühlen und Mordphantasien erst
gibt den Frauen die Kraft, einen eigenen Standpunkt zu
beziehen.

Wachsende Klarheit und Entscheidungsfindung

Die Entwicklung von gewohnheitsmäßigem Alkoholgenuß zu süchtigem Fehlverhalten und zu manifester Suchterkrankung vollzieht sich schleichend. Sie zu erkennen
muß Angehörigen ungleich viel schwerer fallen als den
Abhängigen selbst, die oft schon relativ früh spüren, daß
an ihrem Trinkverhalten etwas nicht stimmt. Sie wissen,
daß sie den Alkohol um seiner Wirkung willen brauchen.
Die Frauen aber, die ihre Aufmerksamkeit zunehmend
auf den Alkoholkonsum ihres Partners und die daraus folgenden Umstände richten, erliegen einem ›Scheuklappen-
effekt‹. Unter ständig wachsendem Kraftaufwand versuchen sie, ›den Karren aus dem Dreck zu ziehen‹. Dabei sehen sie weder den Weg, den sie sich entlang mühen, noch
schauen sie nach hinten, um zu sehen, ob der Karren sich
überhaupt bewegt. Ebensowenig können Geschehnisse
am Wegesrand sie ablenken, verunsichern oder gar scheu
machen. So können sie lange Zeit ihre gegenwärtige Lebenssituation nicht scheuen.
Wenn sie aber schließlich zu der entscheidenden Erkenntnis (*mein Mann ist alkoholabhängig*) gelangt sind, so empfinden sie diese einerseits als schrecklich – die Wirklichkeit
kann von nun an nicht mehr verharmlost oder geleugnet
werden –, andererseits aber auch als entlastend und befrei-
end. Es eröffnen sich neue Perspektiven: Die Frauen können mit ihren Problemen nach außen treten und professionelle Hilfe in Anspruch nehmen. Sie können ihre Schuldgefühle abbauen und lernen, ihren Partner und sein Ver-

halten zu verstehen. Sie haben die Möglichkeit, einen Teil der auf ihnen lastenden Verantwortung an den Partner zurückzugeben.

Plötzlich sind sie in der Lage, für sich selbst abzuwägen, wie ihr weiteres Leben aussehen soll, und können sich entscheiden, den Partner zu verlassen, wenn er nicht mit dem Trinken aufhört. Wenn sie ganz sicher sind, daß sie so wie bisher nicht weiterleben wollen, dann können sie diese Haltung auch dem Partner gegenüber konsequent vertreten.

Allerdings ist diese Entscheidung – ›so‹ nicht weiterleben zu wollen – die am schwersten zu treffende und gleichzeitig die schwerwiegendste für die Frauen. Erstens bedeutet sie das Eingeständnis der eigenen Ohnmacht gegenüber dem Partner und seiner Krankheit, die er nur aus eigenem Antrieb unter Kontrolle bekommen kann. Zweitens erfordert diese Entscheidung zunächst das bewußte Annehmen der derzeitigen Situation – ohne jedes Hoffen auf ein Wunder. Sowie die Scheuklappen abgenommen sind, müssen sich die Frauen mit dem bisher Gelebten – mit ihren Vorstellungen von traditioneller Rollenaufteilung und ihrem Frauenbild – auseinandersetzen: Frau ist bescheiden, tapfer, fromm, schwach, weich, empfindsam, still, unpolitisch, autoritätsgläubig und schließlich dem Mann ehrerbietig ergeben, selbstaufopfernd seinem Wohl und dem der Kinder verpflichtet – verantwortlich für das Familienglück. Das alles in Frage zu stellen führt unweigerlich zu neuen Verunsicherungen und Ängsten, die jedoch zur positiven Herausforderung werden können, wenn sie bewußt angenommen werden. Die Frauen lernen, eigenverantwortlicher, selbständiger und aktiver ihr Leben zu bestimmen und zu gestalten. Drittens zwingt also diese Entscheidung die Frauen, sich ihre eigene Befindlichkeit, ihre Bedürfnisse, Vorstellungen und Wünsche zu vergegenwärtigen und ihren Anspruch auf ein erfülltes und glückliches Leben geltend zu machen.

Selbsthilfegruppen

An dem Punkt, wo die Frauen die Passivität ihres Partners erkennen und sich endlich ihren eigenen Bedürfnissen zuwenden, wünschen sie sich auch den Zugang zu einer Selbsthilfegruppe, wobei der Wunsch nach reinen Angehörigengruppen sich jedoch fast nie erfüllt. Viele Frauen schließen sich allerdings auch der gemischten Selbsthilfegruppe an, die ihr Partner nach der Entgiftung oder Therapie besucht.

Die Integration in eine solche Gruppe erleben die Frauen – genauso wie ihre abhängigen Partner – als sehr schwierig. Zum ersten Mal sprechen sie vor einer Gruppe, noch dazu von Fremden, über ihre Probleme. Das macht ihnen Angst, und sie haben Hemmungen, über sich zu reden. Eine Lockerung stellt sich jedoch in dem Moment ein, wo sie erkennen, daß andere ganz ähnliche oder vielleicht sogar gleiche Schwierigkeiten haben. Der Gedankenaustausch mit anderen läßt sie nach und nach ihre Empfindungen (Ohnmacht, Ängste, Wut, Haß, Verzweiflung) als normale, aus dem Suchtkreislauf entstandene Erscheinungen erleben. Indem sie über sich selbst sprechen, für kurze Zeit im Mittelpunkt stehen, entwickeln sie einen Spürsinn für die eigenen Bedürfnisse, Wünsche und Vorstellungen. Sie lernen, bestimmte eigene Verhaltensweisen zu hinterfragen und zu ändern; gleichzeitig lernen sie, die Probleme ihres Partners zu verstehen, sich mit ihm auf einer anderen Ebene als bisher auseinanderzusetzen, und begreifen, wie wichtig solche Auseinandersetzungen für das weitere Zusammenleben sind. So entsteht neben Gesprächen über das Problem Alkoholismus auch wieder Raum für Auseinandersetzungen um alltägliche Konflikte im Ehe-, Familien- und Berufsleben.

Die Selbsthilfegruppen ermöglichen es den Frauen auch, ihr bisheriges Selbstverständnis in Frage zu stellen und zu verändern, Rollenzwänge abzulegen. Dabei stellen sich bei vielen Frauen seelische und körperliche Reaktionen ein, die sie sich früher »nicht hätten leisten können« und die ihnen fremd sind. So kann das Ausbrechen einer Krankheit signalisieren, daß die betroffene Frau endlich dem schon lange unbewußt gehegten Wunsch nachgibt, selbst einmal schwach, hilfs- und anlehnungsbedürftig sein zu dürfen. Insgesamt jedoch stellt sich im Laufe von zwei, drei Jahren Teilnahme an einer Selbsthilfegruppe bei allen Frauen eine Stabilisierung der eigenen Befindlichkeit ein.

Darüber hinaus gewinnt die Gruppe für sie eine ebenso zentrale Stellung in ihrem Alltag und Wochenrhythmus wie für ihren abhängigen Partner. Neben den Gesprächsgruppen machen sie vielfach Gebrauch von Freizeitangeboten wie Kreativen Kursen, Spielen, medizinischen/psychologischen Vorträgen, Wochenendseminaren, psychotherapeutischen Gruppen.

Lösung aus der Abhängigkeit: Trennungen

Im Rückblick sagen alle Frauen, daß sie sich ein solches Ausmaß an Leiden, Enttäuschung und Hilflosigkeit, wie sie es während ihrer Partnerschaft mit einem Alkoholiker erlebten, vorher niemals hatten vorstellen können. Sie fragen sich, wie sie die täglichen Belastungen bewältigen konnten, ohne dabei selbst vollkommen den Boden unter den Füßen verloren zu haben. Oft sind die Nachwirkungen dieser schrecklichen Erlebnisse so stark, daß die Frauen sich wünschen, nicht an die Vergangenheit erinnert zu werden.

Nach der vollzogenen Trennung – entweder vom weiterhin trinkenden Partner oder vom Leben mit dem Alkohol (der Partner hat es geschafft, trocken zu werden) – entdecken die Frauen völlig neue Seiten in ihrem Leben. Die wichtigste Entdeckung ist die, von einem unendlichen Druck befreit zu sein. Eine ungeheure Belastung ist weg: die Last der Sorge um den Partner und seine alltägliche Versorgung, die Last der – empfundenen – Mitverantwortung und Mitschuld, die Last des Mitleids und Mitleidens, des Streitens, Zauderns und Zagens.

Die Frauen verfolgen, wie ihr Partner schrittweise wieder initiativ und eigenständig wird. Sie können sich wieder auf ihn verlassen und sicher sein, daß alles, was er anpackt, *Hand und Fuß* hat. Plötzlich sind auch faire Auseinandersetzungen wieder möglich – die Frauen können ›Reizthemen‹ ansprechen, ohne Schläge oder Geschrei befürchten zu müssen. Sie erleben einen Partner, der dem Streit nicht mehr ausweicht oder sich taub stellt, der aber andererseits auch keinen Streit mehr provoziert, bloß um einen Vorwand für neuerliches Trinken zu haben. Je mehr der Partner bereit ist, sich mit seinen Problemen auseinanderzusetzen und nach Lösungen zu suchen, desto leichter wird es den Frauen, wieder Vertrauen zu fassen. Gleichzeitig erleben sie an ihrem Partner einen Zuwachs an Selbstsicherheit; er fühlt sich für jede Veränderung in seinem Leben selbst verantwortlich und läßt sich keinesfalls kritiklos von fremden Vorstellungen beeinflussen. Entscheidungen, die in der Vergangenheit von den Frauen allein getroffen wurden, bedürfen wieder der gemeinsamen Absprache.

Außerdem empfinden die Frauen eine Erleichterung ihrer Situation insofern, als der Partner sich wieder intensiv um seine Arbeit und damit um die finanzielle Sicherheit der Familie bemüht, oft sogar einen stärkeren Ehrgeiz entwickelt, als er ihn jemals hatte.

Die Frauen sind stolz darauf, nach einem langen Leidensweg zu neuem Selbstbewußtsein und neuer Selbständigkeit gelangt zu sein. Das werden sie nie wieder aufgeben, und sie wissen, daß für sie die Rolle der Fürsorgerin in einer Partnerschaft nicht mehr in Frage kommt. In die alte Abhängigkeit wollen sie nicht zurück. Sie haben erkannt, wie wichtig es ist, sich die eigenen Wünsche immer wieder klarzumachen und entsprechend zu handeln. Vielfach bleiben sie an ihrem Arbeitsplatz – obwohl dafür keine materielle Notwendigkeit mehr besteht – und finden in ihrem Beruf und den damit verbundenen sozialen Kontakten weitere Selbstbestätigung.

Die Frauen haben aufgehört, das Wohlbefinden ihres Partners zum Maßstab aller Dinge zu machen. Sie sind nicht bereit, auf gegenseitige Rücksichtnahme und Respektierung zu verzichten, bloß weil die Gefahr besteht, der Partner könne in einer unbequemen Situation wieder anfangen zu trinken. Sie haben eingesehen, daß sie einen Rückfall letztlich nicht verhindern können – und sie akzeptieren diese ihre Ohnmacht.

Die Frauen selbst sind allerdings auch »rückfallgefährdet«, denn sie haben oft Schwierigkeiten, ihre neue Konsequenz durchzuhalten. Zu oft haben sie erlebt, daß sie sich auf die Versprechungen ihres Partners nicht verlassen konnten. In unsicheren Momenten bezweifeln sie sogar noch in der veränderten Situation, daß er in der Lage ist, seinen Alltag allein zu regeln und zu bewältigen. So werden sie rückfällig, indem sie ab und zu doch noch für ihn mitdenken, -planen oder -bestimmen, ohne ihn in ihre Entscheidungen einzubeziehen. Mit der Zeit lernen sie jedoch – alten Gewohnheiten zum Trotz – immer besser, sich um Dinge, für die sie nicht zuständig sind oder die sie nicht erledigen wollen, auch wirklich nicht zu kümmern.

Im Umgang mit dem Alkohol entwickelt jedes Paar seine eigene Lösung. Zu Anfang der Abstinenz sind die Frauen noch ängstlich und verzichten selbst auch auf Alkohol. Wenn bei geselligen Anlässen getrunken wird, fallen sie leicht in alte Muster zurück und beobachten ihren Partner, erschrecken, wenn er unvermittelt laut spricht und lacht oder wenn er Wasser aus einem Bierglas trinkt. Trotzdem ist eine allmähliche Integration des Alkohols in den normalen Alltag möglich, wobei regelmäßige Gespräche sehr wichtig sind. In vielen Fällen entwickelt sich eine Toleranz, die es ermöglicht, daß die nicht abhängige Frau oder auch

Gäste trinken können, ohne den Abhängigen zu gefährden. Große Trinkgelage und Umgang mit stark trinkenden Menschen meiden die betroffenen Paare jedoch alle. Die Fähigkeit, ohne Alkohol zu feiern und lustig zu sein, muß von Abhängigen wie Angehörigen erlernt werden. Eine Frau räumt sogar ein, sie habe schon manchmal gewünscht, ihr Mann möge wieder trinken. Sie vermißt seine frühere Ausgelassenheit. Aber sie weiß auch, daß sie mit ihm zusammenbleiben will und daß das nur funktionieren kann, wenn er trocken ist.

Wachsendes »Ich«

Immer noch muß betont werden, daß die Frauen nicht nur Angehörige, also Anhängsel des Suchtkranken sind. Sie sind eigenständige Menschen mit dem gleichen Recht, gehört und verstanden zu werden, ohne daß sie ihr Recht über die Bewertung des eigenen Leids einklagen müßten. Ich erlebe es auch immer wieder, daß die Frauen alkoholabhängiger Männer selbst jene Bewertung übernehmen und reproduzieren, die den Mann zum Kranken und somit Mehr-Bedürftigen, die Frau hingegen zur Gesunden und somit Weniger-Bedürftigen macht. Für sie ist diese Einteilung allgemeingültig und wird nicht hinterfragt. Die damit einhergehende Rollenverteilung wird unreflektiert übernommen.

Oftmals kennen die Frauen diese Rolle aus ihrer Kindheitsgeschichte: Die Frau und Mutter trägt die Mühen des Alltags und ist dem Mann Stütze für das Leben, daß er außerhalb der Familie führt. Damit übernimmt sie einen Großteil der Last bei der Bewältigung des Alltags. Die Frau ist gewohnt, Rücksicht zu nehmen, erst recht, wenn der andere schwach oder krank ist. Dabei ist eine sich aufopfernde Ehefrau und/oder Mutter, die sich ständig mehr um andere kümmert als um sich selbst und keine Zeit für sich hat, oft unterschwellig unzufrieden und unglücklich.

Sie fühlt sich schneller ausgelaugt und kraftlos, kann sich aber eigene Schwächen weniger zugestehen, da sie ständig versucht, den anderen die »gute« Mutter und Ehefrau zu sein. Diesem Anspruch wird eine Frau, die sinnvoll mit ihren Kräften umgeht, sich selbst genug Zeit, Muße und Anerkennung gönnt und mit sich selbst zufrieden ist, sicherlich eher gerecht als eine, die ihre ganze Anerkennung durch andere Menschen oder ihre hausfraulichen und erzieherischen Arbeitsergebnisse gewinnt. Hier ist ein Umdenken und Verändern des bisherigen Rollen- und Selbstverständnisses so wie bisheriger Rollenzuweisungen bei den Frauen durch die Frauen notwendig. Sie sollten vermehrt versuchen, ihre Stärke und Fähigkeiten nicht nur dafür einzusetzen, Leid und Schmerz mit anderen zu teilen und deren Mühen und Plagen mitzutragen, sondern die eigenen Kräfte an erster Stelle für das eigene Wohlergehen und die eigenen Belange einzusetzen und so einen gesunden oder gesundmachenden Egoismus zu entwickeln. Wichtig ist vor allem, daß sie sich von der Bewertung anderer, insbesondere der ihrer Partner wirklich unabhängig machen.

Krankheit –
Bedeutung und Bewertung

Ich möchte nun auf eine besondere Schwierigkeit zu sprechen kommen, die den Umgang der Frau mit ihrem Partner, aber auch generell den Umgang des Gesunden mit dem Alkoholkranken betrifft.
Wenn der Alkoholiker als krank, Alkoholismus als Krankheit bezeichnet wird, so wird damit doch hauptsächlich versucht, das Verhalten des Alkoholabhängigen und den Verlauf der Sucht mit all den körperlichen, seelischen und sozialen Folgen für den einzelnen greifbarer und begreifbar

zu machen. Im Verlauf der Geschichte des bundesrepublikanischen Gesundheitswesens ist es von einschneidender Bedeutung gewesen, als dem Alkoholabhängigen 1968 der Status »krank« zugestanden wurde. Bis heute herrscht teilweise noch die Meinung vor, der Trinker sei eine charakterlose, willensschwache, amoralische, unsoziale Person. Mit der Definition des Alkoholismus als Krankheit wurde der einzelne rechtlich abgesichert, gleichzeitig konnten erforderliche Behandlungsmethoden entwickelt und die Finanzierung geregelt werden. So übernimmt seitdem die Krankenkasse die Kosten für eine Entgiftung, die Kosten für eine Entwöhnungstherapie übernimmt der Rentenversicherungsträger (als Rehabilitationsmaßnahme zur vollen Wiedererlangung der Arbeitsfähigkeit). Das Gelten des Krankheitsbegriffes wirkt hier positiv, den einzelnen stärkend und schützend.

Oftmals wird aber mit dem Begriff »krank« folgendes verbunden: schuldlos am Zustand des eigenen Körpers und/oder des Geistes und/oder der Seele zu sein; unfähig, selbstbestimmt und eigenständig zu leben, und zuwendungs- beziehungsweise hilfsbedürftig zu sein.

Der Krankheitsbegriff entläßt den einzelnen jedoch nicht aus der individuellen und sozialen Verantwortung, der Verantwortung für sich, sein Leben, seinen Körper, seinen Geist und für das Leben seiner Mitmenschen.

In dem Moment, in dem wir Krankheit als Schicksalsschlag erleben, den wir fatalistisch-passiv hinnehmen, verliert die Krankheit den Sinn, den sie in sich trägt. Krankheit ist doch immer auch ein Zeichen dafür, daß wir nicht allmächtig sind und unser Leben nicht so bestimmen können, wie wir darüber denken und wie es unserem inneren Bild entspricht. Krankheit führt uns an unsere Grenzen und fordert uns auf, diese wahrzunehmen. Sie weckt die in uns schlummernden Fähigkeiten und Kräfte und fordert uns auf, sie zu entwickeln und positiv für das eigene wie das Leben der anderen um uns herum einzusetzen. Erst in der bewußten Auseinandersetzung mit dem Ich wie mit dem Du, erst im spürbaren Erleben meiner selbst wie des anderen wird so etwas wie Sinn des Lebens wirklich und erfahrbar. So gesehen ist die Suchterkrankung eine Chance für den einzelnen, sein bisheriges Leben zu begreifen und zu überdenken, um es in Zukunft befriedigender und erfüllter zu gestalten. Krankheit entbindet uns also nicht von der Verantwortung, die wir für uns und unsere Mitmenschen haben. Das wird nur zu gern übersehen, und dann wird Krankheit dazu benutzt, sich auf die eigenen Schwächen zu berufen und die Verantwortung für das eigene Leben an ein Familienmitglied oder den Partner abzugeben.

Übernehmen die Frauen der alkoholkranken Männer diese Sichtweise, weisen sie ihnen die Rolle des Schwachen, des Hilfsbedürftigen und des Opfers zu, entbinden ihn so von seiner Verantwortung und übernehmen seine Anteile. Sie selbst geraten in die Rolle der Täterin, der Starken und der Mächtigen. Dies führt zu einem sehr rigiden, festen System gegenseitiger Abhängigkeiten. Gewaltige versteckte oder offene Machtkämpfe, schwere und tiefgreifende gegenseitige Verletzungen, Gefühle der Leere, der Kraftlosigkeit, der Angst und Verzweiflung sind fast immer die Folge. So ein Umgang miteinander wirkt zerstörerisch auf beide beteiligten Parteien, auf die »vermeintlich« Kranken wie auf die »vermeintlich« Gesunden. Für jeden, der nicht in solchen Verhältnissen leben will, egal, ob er sich als krank oder gesund bezeichnet, ist es wichtig, den eigenen Standort im gegenwärtigen Beziehungsgeflecht zu bestimmen und zu überprüfen.

Für eine Veränderung zum Besseren ist es seitens der Frauen an erster Stelle notwendig, die Krankheit ihres Partners als solche zu akzeptieren, ohne ihn damit von jeglicher Verantwortung für sich selbst zu entbinden. Der Abhängige muß dann zunächst selbst entscheiden, ob er mit dem Trinken aufhören will oder nicht. An ihm ist es, den ersten Schritt zu tun. Er muß sich über Hilfsangebote informieren und bereit sein, fremde professionelle Hilfe (das heißt auch: Hilfe durch Selbsthilfe) anzunehmen. Angehörige können solche Entscheidungen höchstens unterstützen – oder, wenn der Abhängige weitertrinken will, boykottieren.

Wenn man den Krankheitsbegriff lediglich als Entschuldigung benutzt, ohne den Kranken mit den Folgen seines Trinkens zu konfrontieren, verfälscht man ihn. Auch Abhängige benutzen diesen Begriff gern, um sich dahinter zu verschanzen und sich vor Angriffen gesunder Mitmenschen zu schützen oder weitere Auseinandersetzungen zu vermeiden.

In gemischten Selbsthilfegruppen ist häufig zu beobachten, welche Spannungen sich zwischen den Partnern entwickeln, wenn der Abhängige sich den Krankheitsbegriff in dieser Weise zunutze macht, sich auf das *Du kannst mich eben nicht verstehen!* zurückzieht. Er geht dem Konflikt aus dem Weg und übt zugleich moralischen Druck aus, indem er an das Mitleid seiner Partnerin appelliert. Die Reaktion der Angehörigen ist oft ein Rückzug, wobei sich Wut und Ohnmachtsgefühle in ihr stauen. Solche Argumentation drängt sie genau in die Rolle zurück, die sie eigentlich ablegen will: die Rolle der Rücksichtsvollen, Starken und für alles Verantwortlichen. In dieser Situation ist eine offene und direkte Kommunikation unmöglich, die tieferen Gründe der Ängste und Aggressionen bleiben ungeklärt. Die Partnerin, deren Leiden daraus resultiert, daß sie *alles nüchtern miterlebt* hat, muß genau diesen Aspekt besonders betonen, wenn sie sich mit ihren subjektiven Problemen und Beschwerden verständlich machen will.

Der Kreislauf des *Du verstehst mich nicht!* kann nur durchbrochen werden, wenn die These, verstehen könne nur, wer das Gleiche erlebt habe, als falsch erkannt ist. Worauf es ankommt, sind: immer wieder neues Bemühen um Verständigung, Ehrlichkeit, konzentrierte Aufmerksamkeit, gegenseitiger Respekt und permanente Bereitschaft zur Auseinandersetzung.

Heute, hier und jetzt

Alle Frauen, die in diesem Buch zu Wort gekommen sind, beschreiben, wie wichtig es für sie ist, das gegenwärtige Leben unmittelbar, eindeutig und klar zu erfassen. Diese veränderte Erwartung an das Leben halten sie für ausschlaggebend für ihre gesamte weitere Lebensgestaltung. Die Zeit, in der sie sich mit Wunschträumen, Phantasien und rosigen Zukunftsvisionen aus ihrer Realität flüchteten, ist vorbei. Auch Bilder aus der fernen Vergangeheit, aus der heilen Familie der Kindheit, sind kein Ersatz mehr für das Leben in der Gegenwart. Sowohl Erinnerungen als auch Gedanken an eine möglicherweise ungewisse Zukunft sind unwichtig geworden angesichts solcher Aussagen wie *Ich lebe heute. Wenn er morgen einen Rückfall baut, weiß ich nicht, was auf mich zukommt. Aber ich will jetzt leben!*

Die Frauen haben mit dem Erleben der Suchterkrankung und ihren Folgen für sie selbst gelernt, den Zugang zu der unmittelbar erfahrbaren Gegenwart zu finden. Die Gegenwart können sie täglich, stündlich, in jeder Sekunde erfassen, und ihnen ist es wichtig geworden, nur diese zu verstehen: Im erlebten Augenblick wird das eigene Leben spürbar, der ihm innewohnende Sinn erfahrbar. Die Frauen erkennen einen Sinn in ihrem Leben, den sie bislang nicht kannten. Diese Erfahrung beziehungsweise das Umsetzen dieser Erfahrung in die alltäglich Lebenspraxis empfinden sie als ungeheuer erleichternd.

Mit dem »Hier-und-Jetzt-Gedanken« tritt eine Auffassung über die Möglichkeit, Leben zu erfahren und dementsprechend zu gestalten, zutage, wie sie vielfach gerade von Süchtigen propagiert wird. In therapeutischen Gemeinschaften, wie Synanon, Narkonon oder Daytop, in den programmatischen Schritten der Anonymen Alkoholiker (AA), in der Praxis von Selbsthilfegruppen (und auch in der psychotherapeutischen Praxis) wird immer wieder darauf verwiesen, wie wichtig es für den einzelnen ist, den Bezug zum Gegenwärtigen zu gewinnen; zu dem, was im Moment spürbar, erfahrbar und begreifbar ist. Die Vergangenheit, so schmerzlich sie auch gewesen sein mag und so bestimmend sie für das weitere Leben erscheint, ist nicht veränderbar. Die Zukunft, so sehr wir uns auch bemühen, sie zu planen und vorausschauend zu leben, ist letztlich nicht vorhersehbar. Aktiv können wir immer nur im Jetzt und Heute sein. Wir handeln immer nur in der Gegenwart. Und nicht umsonst heißt es: »*Der Weg ist das Ziel*«. Wenn wir bereit sind, uns immer wieder in Frage zu stellen und uns zu verändern, sind wir auf dem Weg. Hierin liegt menschliche Stärke und Macht: Wenn wir unseren Empfindungen vertrauen, wenn wir unsere Gefühle bewußt erfassen und annehmen, wenn wir die moralischen und ethischen Werte und die Vorerfahrungen, die wir in uns tragen, als unter bestimmten Bedingungen gewachsen begreifen, können wir täglich prüfen und entscheiden, was wir für lebenswert halten, wie wir leben möchten, und wohin wir uns weiterentwickeln wollen. In dem Maße, in dem wir uns im Jetzt wiederfinden, in dem Maße, in dem wir unsere Empfindungen, Bedürfnisse und Wünsche ohne inneren und äußeren Zwang aufspüren, sie annehmen und bewerten können, handeln wir selbstbestimmt und können unser Leben – im Rahmen der gesellschaftlichen Möglichkeiten – gestalten. Mit dem direkten Erleben und Annehmen der Gegenwart, ihres Sinns oder Unsinns, lösen wir uns aus den engen Grenzen ureigener Ängste und verfälschter Wahrnehmungen und nähern uns dem, was wir uns für unser Leben wünschen: Freiheit, Unabhängigkeit, Selbstbestimmung, Zufriedenheit und Glück.

ANHANG

AA – Anonyme Alkoholiker. Weltweit größte Selbsthilfeorganisation, in den zwanziger Jahren in den U.S.A. von zwei alkolholkranken Männern gegründet, die einsahen, daß sie gegenüber dem Alkohol machtlos waren. Die AA sind eine Gemeinschaft von Männern und Frauen, die ihre Erfahrungen, Kraft und Hoffnung miteinander teilen, um ihr gemeinsames Problem zu lösen und anderen zur Genesung vom Alkoholismus zu verhelfen. Die einzige Voraussetzung für die Zugehörigkeit ist der Wunsch, mit dem Trinken aufzuhören. Die Gemeinschaft erhält sich durch eigene Spenden, ist nicht konfessionell oder an eine Sekte, eine Partei, eine Organisation oder eine Institution gebunden. Hauptzweck der Gemeinschaft ist, ein nüchternes Leben zu erreichen und anderen Alkoholkranken zu diesem zu verhelfen.

abhängig – Der Begriff des Abhängig-Seins oder der Abhängigkeit bezeichnet die Unfähigkeit eines Menschen, der regelmäßig und/oder übermäßig (ein) bestimmte(s) Suchtmittel zu sich nimmt, die Menge oder – im weiteren Verlauf – die Auswirkungen auf sein Leben zu kontrollieren.

Al-Anon – sind Familiengruppen der AA. Sie sind eine Gemeinschaft von Angehörigen und Freunden von Alkoholkranken, die nach den Grundsätzen der AA arbeiten. Die gemeinsame Arbeit wird von der Überzeugung getragen, daß die Alkoholkrankheit zum Stillstand gebracht werden kann. Im Genesungsprozeß ist die Einstellung der Angehörigen zum Erkrankten von großer Bedeutung. Al-Anon meint, daß die wahre Hilfe einzig darin besteht, daß man versucht, den anderen dazu zu befähigen, sich selbst zu helfen.

Al-Ateen – sind die Kinder- und Jugendlichengruppen der AA. Sie sind eine Gemeinschaft von alkoholkranken Kindern und Jugendlichen. Sie arbeiten nach den Grundsätzen der AA.

Alkoholiker – als Alkoholiker oder alkoholkrank werden diejenigen Menschen bezeichnet, deren Abhängigkeit vom regelmäßigen oder/und übermäßigen Alkoholtrinken einen solchen Grad erreicht hat, daß sie an eindeutigen seelischen oder/und körperlichen und/oder geistigen Veränderungen bzw. Störungen leiden. Die Veränderungen treten im Umgang des Alkoholikers mit sich selbst wie mit anderen, in der Familie, im Beruf und/oder im weiteren Umfeld zutage und führen letzten Endes zu schwerwiegenden sozialen Folgen.

Alkoholikerphase – s. Phasen der Alkoholsucht

Alkoholkonsum – Der durchschnittliche Pro-Kopf-Verbrauch an Alkohol in der Bundesrepublik Deutschland (in diese Berechnung gehen Babies, Kleinkinder, Kinder, Jugendliche und alte Menschen als volle Konsumenten mit ein) liegt bei ca. 12 l reinen Alkohols. Das sind z.B. ca. 300 l Bier oder 120 l Wein jährlich/pro Person. Im Jahr 1987 verbrauchte die bundesrepublikanische Bevölkerung 88 068 hl Bier, 15 767 hl Wein und Schaumwein und 3 606 hl Branntwein. Das sind pro Kopf ca. 144 l Bier, 25,8 l Wein und Schaumwein und 5,9 l Branntwein. Damit bekleidet die Bundesrepublik weltweit eine Spitzenstellung im Alkoholverbrauch. Während in anderen westlichen Ländern der Alkoholkonsum rückläufig ist, stieg er in der Bundesrepublik um 0,9 % leicht an. Erfreulicherweise zeichnet sich ein Trend nach alkohol- und kalorienärmeren Getränken ab (vgl.: Herbert ZIEGLER im »Infodienst der DHS«, November 1988).
Unter übermäßigem Alkoholkonsum versteht man 120 ml reinen Alkohol bei Frauen, 150 ml bei Männern täglich über mehrere Monate oder ein- oder mehrmaligen Alkoholgenuß von 240 ml bei Frauen und 300 ml bei Männern monatlich. Z.B. beinhaltet ein Glas Bier von 0,4 l bei einem durchschnittlichen Alkoholgehalt von 4 % 16 ml reinen Alkohol, 0,7 l 10 %-igen Weins beinhalteen 70ml, ein 40 %-iger Schnaps von 2 cl hat 8 ml und eine 0,7 l Flasche 40 %-igen Schnaps 280 ml Alkohol.

Alpha-alkoholismus – nach dem ungarischen Psychiater E. M. Jellinek, zuerst 1960 in seinem Buch »The Disease Concept of Alcoholism« beschrieben. Der alkoholtrinkende Mensch greift zum Glas, wenn er sich nicht gut fühlt, in Konfliktsituationen oder um sich zu erleichtern. Er will mittels des Alkoholgenusses seine körperliche und/oder seelische Verfassung aufbessern. Es kann im Verlauf dieses Verhaltens eine seelische Abhängigkeit vom Alkohol entstehen.

Antabus – (Generic: Disulfiram) Medikament, daß zur Behandlung alkoholabhängiger Menschen eingesetzt wird. Antabus soll den Alkohol ersetzen und die Entzugsymptomatik lindern. Nebenwirkungen wie unangenehmer Geschmack, Magen-Darm-Störungen, Körpergeruch, Kopfschmerzen, Impotenz und gelegentlich allergische Reaktionen sind bekannt. Bei gleichzeitiger Einnahme von Alkohol kommt es u. U. zu Atemnöten, zum Herz-Kreislauf-Kollaps, Herzschlagunregelmäßigkeiten und Krämpfen, bis hin zum lebensgefährlichen Herz-Kreislaufversagen.

Bonnys Ranch – Umgangssprachlich für Karl-Bonhoeffer-Nervenklinik, psychiatrisches Krankenhaus

Beta-alkoholismus – (nach Jellinek) Der Betreffende trinkt nur bei sich ergebenden Gelegenheiten, dann aber auch gern und häufiger zu viel. Er wird erst relativ spät abhängig.

Blaues Kreuz – Name und Symbol des christlich-evangelisch ausgerichteten Fachverbandes und gemeinnützigen Vereins, gegründet 1888 von Curt von Knobelsdorff. Die Arbeit des Blauen Kreuzes richtet sich an Alkoholiker und Angehörige und zielt auf die stabile Abstinenz der Betroffenen. Im Gegensatz zu anderen Selbsthilfegruppen oder Abstinenzlerorganisationen ist die Grundhaltung permessiver, das heißt, auch angetrunkene Menschen können an den Gruppen, auch über längere Zeiträume, teilnehmen.

Delirium – mit D. ist in diesem Zusammenhang meistens das Delirium tremens gemeint. Es tritt nach schwerem, länger andauerndem Alkoholmißbrauch auf und wird oft durch den Entzug ausgelöst, kann aber auch ohne besonderen Anlaß entstehen. Die Entwicklung zum D. zeigt sich in (häufig wochenlangem) unruhigem Schlaf und Angstträumen. Die Deliranten erleben optische, akustische und haptische, schnell wechselnde Wahnvorstellungen. Sie sind örtlich und zeitlich nicht orientiert und erkennen ihnen bekannte Personen nicht unbedingt. Sie erleben wechselhaft starke Angst und euphorische Gefühle und sind im Gespräch beeinflußbar (suggestibel). Sie schwitzen sehr, zittern stark und haben eine erhöhte Körpertemperatur um 38.0 C. Unbehandelt sacken die Deliranten nach zwei bis zu zehn Tagen in einen tiefen Schlaf, der sechs bis dreißig Stunden andauern kann. Ohne medikamentöse Behandlung überlebt ein Fünftel der Deliranten das D. nicht. In solchen Fällen kann die Gabe von Alkohol lebensrettend sein. Schon bei den Vorzeichen eines beginnenden D. sollte unverzüglich ein Arzt zu Hilfe geholt bzw. die Einweisung in ein Krankenhaus bewirkt werden.

Delta-alkoholismus – (nach Jellinek) Der Betreffende trinkt aus Gewohnheit und sehr regelmäßig. Er hält einen sogenannten Spiegel oder Level, das heißt eine bestimmte Alkoholkonzentration im Blut aufrecht, um sich wohlzufühlen. Angehörige sind oft erstaunt über die Fähigkeit des Trinkenden, den Grad der Angetrunkenheit bzw. Betrunkenheit zu verdecken. Er ist jedoch eindeutig seelisch und körperlich vom Alkohol abhängig und braucht die regelmäßige Zufuhr.

Distraneurin – (Generic: Clomethiazol) wird beim Alkoholkranken während des Entzuges eingesetzt, um eventuell auftretende Krampfanfälle zu vermeiden. Das Mittel hat eine hochgradig süchtigmachende Potenz, das heißt, es besteht eine besonders große Gefahr der Abhängigkeit.

Entgiftung – Behandlung, bei der der suchtmittelabhängige Mensch vom Suchtmittel entzogen wird. Dies kann durch sofortiges, totales Absetzen des Suchtmittels, durch den schrittweisen Entzug (Ausschleichen) oder/und das dosierte, kontrollierte Verabreichen eines dem Suchtstoff ähnlichen Mittels erfolgen. Entgiftungen werden hauptsächlich in Krankenhäusern gemacht. Von sogenannten Selbstentgiftungen oder -entzügen Abhängiger ohne ärztliche Kontrolle ist abzuraten, da die im Entzug auftretenden Symptome zum Teil lebensgefährlich sind. Es kommt häufiger vor, daß Abhängige sich zu einer Entgiftungsbehandlung bereit erklären, da sie dem Suchtmittelmißbrauch körperlich nicht mehr standhalten. Angestrebt wird jedoch häufig nicht die Entwöhnung, sondern ein neuerlicher Mißbrauch, nachdem sie körperlich erstarkt sind.

Entzug – s. Entgiftung

Entwöhnungsbehandlung – Entwöhnungsbehandlungen können ambulant oder stationär verlaufen. Sie sollen den abhängigen Menschen dazu befähigen, sich soweit körperlich, seelisch und sozial zu stabilisieren, daß er sein weiteres Leben ohne Suchtmittelge- bzw. – mißbrauch gestalten kann. Stationäre Behandlungen werden im Rahmen von Rehabilitationsmaßnahmen zur Wiederherstellung der Arbeitsfähigkeit und Arbeitskraft vom Rentenversicherungsträger (z.B. BfA und LVA) oder vom zuständigen Sozialhilfeträger getragen. Die Dauer beträgt je nach Schwere der Abhängigkeit und Art des Suchtmittelmißbrauchs vier Monate bis zu zwei Jahren.
Ambulante Therapien werden von einigen Drogenberatungsstellen und Therapiekliniken angeboten. Das Angebot an geeigneten Einrichtungen ist jedoch im Bundesgebiet noch relativ gering. Zahlen über die Erfolgsquote der unterschiedlichsten Therapieangebote belegen, daß alle Angebote durchschnittlich den gleichen Erfolg aufweisen. Wichtig für jede erfolgversprechende Behandlung ist ein umfassender, ganzheitlicher therapeutischer Ansatz, der die jeweiligen körperlichen, seelischen, geistigen, familiären und sozialen Bedingungen des einzelnen einbeziehen sollte sowie eine gesicherte Nachsorge.

Epsilon-alkoholismus – (nach Jellinek) Der Betreffende, auch Quartalsäufer genannt, trinkt zeitweilig, zu Anfang nur recht kurze Perioden. Über lange Zeiträume nimmt er kaum oder gar keinen Alkohol zu sich, lehnt ihn teilweise sogar ab, meint, ihn körperlich nicht zu vertragen, oder ekelt sich davor. Im Verlauf der Krankheit, einer Entwicklung über Jahre, werden die abstinenten Zeiten immer kürzer, die unkontrollierbaren Trinkperioden immer länger und exzessiver. In einigen Fällen kann hinter dem vordergründigen Alkoholismus eine verborgene, nur zeitweilig an die Oberfläche tretende, endogene Depression oder manisch-depressive Erkrankung stehen, deren Symptome der Kranke durch das Trinken zu vermeiden versucht.

Gamma-alkoholismus – Der Betreffende trinkt oft und übermäßig Alkohol, so daß er immer wieder berauscht ist. Er verliert die Kontrolle über seinen Alkoholkonsum und ist seelisch und körperlich abhängig. Es gibt Phasen, in denen er gar nicht trinkt, oder Phasen, in denen er bestimmte Trinksysteme ausprobiert, um den Alkoholkonsum zu kontrollieren. Er verfällt jedoch immer wieder dem unmäßigen Trinken und folgendem (Voll-) Rausch.

Generic – International anerkannter, in der Wissenschaft gebräuchlicher Name für medizinische Wirkstoffe und Wirkstoffgruppen, sogenannte Pharmaka.

Guttempler – Der Guttempler-Orden (I.O.G.T.) Abstinenzlerorganisation, deren Ziel und Zweck das alkoholfreie, nüchterne Leben in christlicher Nächstenliebe ist. Die Gemeinschaft setzt sich aus alkoholkranken und nicht süchtig erkrankten Menschen, die bewußt ein Leben ohne Alkohol führen, zusammen.

hastiges Trinken – Im Gegensatz zum normalen Trinken trinkt der alkoholabhängige Mensch die ersten Schlucke bzw. Gläser schnell, hastig, kippt sie hinunter, um sich die Alkoholmenge zuzuführen, die er braucht, um sich einigermaßen gut zu fühlen. Dieses Trinkverhalten zeigt an, daß es demjenigen schwerfällt oder/und unmöglich ist, seinen Alkoholkonsum zu kontrollieren.

Ka-Bo-N – (Abk.) Karl-Bonhoeffer-Nervenklinik, psychiatrisches Krankenhaus

Klapperschluck – morgendliches Trinken, um Händezittern, Übelkeit und Konzentrationsschwäche zu vermeiden oder günstig zu beeinflussen bzw. das Stärkerwerden der Entzugserscheinungen zu vermeiden; s. a. – Phasen der Alkoholsucht, – chronische Phase.

Kreuzbund – katholische Selbsthilfeorganisation und Helfergemeinschaft für Suchtkranke, insbesondere Alkoholkranke, Medikamentenabhängige und deren Angehörige. Im Mittelpunkt der Arbeit steht die Gruppenarbeit der Suchtkranken und der Angehörigen. Auf institutioneller Ebene arbeitet der Kreuzbund besonders mit der Caritas zusammen.

naß – Bezeichnung für alkoholtrinkende alkoholkranke Menschen

Phasen der Alkoholsucht – nach dem ungarisch Psychiater E. M. Jellinek, zuerst 1960 in seinem Buch »The Disease Concept of Alcoholism«, werden folgende Phasen voneinander unterschieden:
– die voralkoholische, die prodromale, die kritische und die chronische Phase. Es ist zu bedenken, daß dieses Phasenmodell nur ein Schema darstellt und daß die Praxis natürlich vielschichtiger ist und teilweise sehr von dem Schema abweicht. Es kann jedoch davon ausgegangen werden, daß früher oder später jeder alkoholkranke Mensch den größten Teil der benannten Symptome kennt bzw. erlebt.

– die voralkoholische (präalkoholische) oder symptomatische Phase: erstes, befriedigendes Erleichterungstrinken. Gelegenheiten, trinken zu können, werden mehr und mehr aufgesucht bzw. gesucht. Der Trinkende wird seelisch immer geringer belastbar und konsumiert täglich Alkohol, ohne sich jedoch zu betrinken. Seine Alkoholtoleranz nimmt zu, das heißt, er verträgt mehr und muß auch mehr trinken, um die erwünschte Wirkung zu erzielen. Mittels des Alkohols erhofft er sich, besser in seinem sozialen Umfeld zurechtzukommen, er fühlt sich freier, lockerer, gelassener, entspannter, lustiger, gesellschaftsfähiger. Das Erleichterungstrinken wird zum alltäglichen Muß.

– die prodromale, der Sucht vorangehende Phase: Zum ersten Mal treten nach dem Trinken Gedächtnislücken, sogenannte »Black-outs« oder Filmrisse auf. Diese sind von Außenstehenden nicht erkennbar. Der Trinkende benimmt sich unauffällig, egal, ob er körperlich oder geistig arbeitet, ins Gespräch verwickelt ist, an einer Feier teilnimmt usw. Dem Trinkenden selbst fehlt die Erinnerung an Teile des vorangegangenen Tages oder an die letzten Stunden. Bruchstückhafte Erinnerungen sind auf Anregung hin möglich, andere Erlebnisinhalte fehlen vollständig. Schuldgefühle und Unsicherheiten verstärken sich. Der Alkohol wird zur Medizin, die in immer größeren Mengen, häufig dann auch heimlich, eingenommen wird. Das Trinken nimmt immer mehr Raum im Alltag wie im Denken des Trinkenden ein. Die Angst, auf den Alkoholkonsum angesprochen zu werden, nimmt zu. Gespräche über Alkohol werden vermieden. Die ersten Gläser werden hastig getrunken, gekippt. Insgesamt fällt das Trinkverhalten Außenstehenden nicht auf, da der Trinkende nicht oder selten betrunken ist, das heißt. einen Rausch hat. Lediglich er selbst empfindet die seine Seele berauschende und beruhigende Wirkung des Alkohols, nimmt jedoch erste Widersprüche in seinem Erleben und Verhalten gegenüber der ihn umgebenden Wirklichkeit wahr. Sollte zu Anfang der Alkohol dem Trinkenden helfen, sich in Gesellschaft zu begeben und wohlzufühlen, muß er sie nun zeitweise meiden, um sich die notwendige Menge Alkohol zuzuführen, bzw. aus Angst, auf das Trinken angesprochen zu werden.

– die kritische Phase: Nach klassischer Einteilung beginnt diese Phase mit dem sogenannten Kontrollverlust. Das heißt, dem Trinkenden ist es nach dem Genuß der ersten Gläser nicht möglich, die weitere Trinkmenge zu bestimmen oder mit dem Trinken aufzuhören. Ihn überkommt ein Verlangen nach mehr. Dem Trinkenden gelingt es nur noch im voraus, sich für oder gegen das Trinken zu entscheiden. Jede kleine Geselligkeit, bei der getrunken wird, wird so für ihn zum inneren Zweikampf. Zeitweise versucht er, sich zu beherrschen und abstinent zu sein, dann trinkt er wieder bis zum Rauschzustand. Immer häufiger quälen ihn die Fragen nach dem Warum, die er sich nicht beantworten kann. Er sucht und findet oder erfindet immer öfter immer umständlichere Erklärungen und sieht die Gründe seines Trinkens aus seinem familiären und sozialen Umfeld erwachsen. Verdeckte und offene Anklagen und Schuldzuweisungen führen zu immer größeren Mißverständnissen und Verständigungsschwierigkeiten. Ungeahnte Konflikte und Probleme entstehen und belasten ihn zusätzlich. Diese versucht der Trinkende durch betonte Selbstsicherheit zu überspielen. Innerlich hat er sich bereits sehr von seinen Mitmenschen entfernt, er wird mehr und mehr sozial isoliert. Er zieht sich immer mehr von Freunden zurück und geht unregelmäßiger zur Arbeit. Er reagiert auffällig aggressiv, während er sich innerlich immer mehr mit Gewissensbissen plagt und mürrischer, unausgeglichener, einsamer und unzufriedener wird. Zeitweise schafft er es, aufgrund äußeren Druckes, über längere Zeitabstände völlig abstinent zu leben. Dann wieder versucht er mit Veränderungen der Trinksysteme (Tageszeit, Ort, Art des Getränks) seinen Alkoholkonsum erfolgversprechender in den Griff zu bekommen. Die innere Verstrickung und Selbstzerfleischung wird mächtiger. Auf der einen Seite erkennt er, daß er den Kampf mit sich selbst verliert, auf der anderen Seite grenzt er sich immer stärker von der Außenwelt ab und vermeidet immer öfter den Kontakt. Nicht selten verliert er in dieser Phase die Arbeit. Die soziale Isolation nimmt zu. Er verfällt mehr und mehr in auffallendes Selbstmitleid und verliert jedes Interesse an anderen Menschen, Beschäftigungen oder alten Hobbies. Das Trinken ist zentraler Mittelpunkt seines Lebens. Immer häufiger flieht er vor äußeren Anforderungen, gedanklich oder auch geografisch (Umzüge) und glaubt daran, daß es »woanders besser« sei. Änderungen im Familienleben sind unumgänglich. Frau und Kinder ziehen sich ängstlich zurück und versuchen auf die unterschiedlichsten Arten, der häusliche Atmosphäre zu entfliehen. Der Trinkende ist mehr und mehr darauf bedacht, seinen Alkoholvorrat zu sichern. Seine sonstige Ernährung vernachlässigt er zunehmend. Der Alkohol beeinträchtigt erste organische Funktionen, und es kommt zu ersten, alkoholbedingten Beschwerden und Einweisungen in ein Krankenhaus. Eine der häufigsten Nebenwirkungen des dauernden Alkoholkonsums ist die Abnahme sexueller Bedürfnisse bis hin zur Impotenz. Da der Trinkende dies als Folge seines Alkoholismus nicht wahrhaben will, sucht er nach Erklärungen im Verhalten seiner Partnerin. Nicht selten wirft er ihr vor, sie betrüge ihn, und steigert sich immer mehr in erfundene, unwahrscheinliche Phantasien und Ideen. Dieses wird alkoholische Eifersucht genannt, ein Verhalten, das Unwissende sehr bestürzt, an der eigenen Wahrnehmung zweifeln läßt, kränkt und zu massiven Aggressionsausbrüchen oder Verzweiflungen führen kann. Als letzte Stufe in der kritischen Phase ist die des morgendlichen Trinkens anzusehen. Der Trinkende braucht den »Klapperschluck«, er trinkt früh morgens, unter Umständen noch vor dem Aufstehen Alkohol, um überhaupt klar im Kopf zu werden und das starke Zittern der Hände bzw. des Körpers, Schweißausbrüche und Würgegefühle (Entzugserscheinungen) zu vermeiden.

– die chronische Phase: beginnt mit verlängerten Rauschzuständen. Der Trinkende gibt seinem Bedürfnis, sich vollkommen dem Trinken hinzugeben, nach und erlebt Tage, halbe Wochen, eine Woche und länger nur im Rausch, unfähig, irgend etwas anderem nachzukommen als dem Trinken. Er verliert seine ethischen Werte, gerät in unnachvollziehbare, verwirrende Phantasien und zeigt sich im Denken beeinträchtigt. Er sucht Kontakt zu Menschen, die genau wie er nur ein Interesse haben, nämlich zu trinken, und verbringt immer mehr Zeit immer öfter mit ihnen, bis er sich nur noch in Kreisen bewegt, die weit unter seinem einstigen sozialen Niveau liegen. Bei ca. zehn Prozent kommt es zu alkoholischen Psychosen, das heißt Geistesstörungen. Sie können behandelt, rückgängig gemacht werden. Stehen dem Trinkenden keine anderen Alkoholika zur Verfügung, greift er auf technische Produkte (Haarwasser, vergällten Spiritus wie z. B. Franzbranntwein oder alkoholische Desinfektionslösungen) zurück oder versucht, sich auf kriminelle Weise (Betrug, Einbruch, Diebstahl, Zechprellerei) Alkohol oder das nötige Geld zu beschaffen. Im weiteren Verlauf des chronischen Trinkens nimmt die Alkoholtoleranz ab. Der Trinkende wird von immer geringeren Mengen sehr schnell betrunken und fällt in einen tiefen Rauschzustand, der tagelang andauern kann.

Politoxikomanie – Drogenabhängigkeit von mehreren oder vielen Drogen, Medikamenten und Alkohol. – Immer häufiger werden Medikamente zusätzlich zum täglich getrunkenen Alkohol eingenommen, wie zum Beispiel Schmerzmittel, Schlafmittel, Beruhigungsmittel, Aufputschmittel, Herz- und Kreislaufmittel, Magenmittel – um nur einige zu nennen. Dies geschieht zum Teil, um die Nebenwirkungen übermäßigen Alkoholkonsums gering zu halten, denn Alkohol – über längere Zeit oder / und im Übermaß genossen – schädigt die inneren Organe und das vegetative Nervensystem erheblich.
Das zusätzliche Einnehmen von Medikamenten geschieht jedoch auch in vermehrtem Ausmaß, weil a) der Abhängige sich eine den Alkohol potenzierende Wirkung erhofft, b) Medikamente geruchlos sind und somit der Konsum weniger auffälligist, c) bestimmte Wirkungen, wie z. B. leistungssteigernd, mobilisierend, konzentrationsfördernd, stimmungsaufhellend, angstbefreiend oder einschläfernd besser gesteuert werden können, der Abhängige sich besser in den Arbeitsalltag integriert d) der Abhängige sich beruflichen Leistungsanforderungen wie privaten, sozialen Anforderungen eher gewachsen fühlt.

Rückfall bauen – rückfällig werden bedeutet für einen abstinent lebenden Suchtmittelabhängigen, bei ihn überrollenden innerseelischen und/oder äußeren, zwichenmenschlichen, sozialen oder finanziellen Schwierigkeiten in letzter Konsequenz zum Suchtmittel zu greifen, anstatt sich mit der unerträglich erscheinenden Situation auseinanderzusetzen und sich Hilfe zu holen.

Shg – Selbsthilfegruppe, Zusammenschluß von Menschen, die an bestimmten, ähnlichen Problemen oder an der gleichen Krankheit leiden und sich regelmäßig treffen, um sich im gemeinsamen Gespräch oder in gemeinsamen Aktionen gegenseitig zu beraten, zu helfen und/oder die Öffentlichkeit zu informieren.

Spiegeltrinker – s. Delta-alkoholismus

Sucht – von althochdeutsch siechen, (dahin-)siechen, das heißt, dermaßen erkrankt sein, daß im weiteren Verlauf der Krankheit der Tod folgt. Hauptsächlich bezeichnet Sucht heute die Abhängigkeit eines Menschen von einem Suchtmittel bzw. einer Droge oder einem Gift. Wird das Suchtmittel abgesetzt, treten unterschiedlichste körperliche und/oder seelische Entzugserscheinungen auf.

Suchtmittel – Stoff, von dessen Gebrauch bzw. Mißbrauch sich der Mensch abhängig fühlt. Bestimmte Suchtmittel sind zum Beispiel: Alkohol, illegale Drogen (Cannabis bzw. Haschisch, Crack, Heroin, Kokain, LSD, Marihuana, Meskalin, Opium), Essen, Kaffee, Medikamente (bestimmte Appetitzügler, Antidepressiva, Beruhigungsmittel oder Tranquilizer, Gichtmittel mit hohem, schmerzstillendem Potential, Kopfschmerzmittel und Migränemittel, Mittel gegen Psychosen oder sogenannte Neuroleptika, Schmerzmittel, Schlafmittel, Rheumamittel mit hohem schmerzstillenden Potential) und Nikotin.

Suchtwoche – Fernsehsendungen des Zweiten Deutschen Fernsehens. Innerhalb einer Woche – meist im Herbst – zeigt das ZDF jährlich verschiedenste Beiträge, vom Spielfilm bis zum Erlebnisbericht Betroffener. Sie beschäftigen sich mit gesellschaftlich relevanten Themen aus dem Suchtbereich (Vorsorge, Erkrankungen, Nachsorge, staatliche, professionelle Hilfsangebote, Forschungsergebnisse, etc.).

trocken – trocken sein oder Trockenheit bezeichnet den Lebensabschnitt, in dem der alkoholkranke Mensch abstinent lebt.

Wahnvorstellungen – Vorstellungen, die gehört (akustische W.), gesehen (optische W.) oder gefühlt (haptische W.) werden, ohne daß sie wirklich sind und ohne daß sich der in den Wahnvorstellungen gefangene Mensch zeitlich, örtlich und/oder personenbezogen orientieren kann; s. Delirium.

LITERATURHINWEISE

Die folgenden Lesetips sind nach den Autoren alphabetisch gegliedert. Es handelt sich hierbei um eine Auflistung von verschiedensten Fach- und Sachbüchern, Romanen, Erzählungen und Beratungsführern aus den Themenbereichen Alkoholismus, Angehörige und Frauen. Meines Erachtens sind alle Veröffentlichungen, ungeachtet der unterschiedlichen ideologischen Hintergründe, lesenswert und insbesondere für betroffene Frauen geeignet.

AL-ANON (Hrsg.): Die Herausforderung. Al-Anon stellt sich dem Alkoholismus. Al-Anon Familiengruppen Interessengemeinschaft e.V. 1987

BATTEGAY, R.: Vom Hintergrund der Süchte. Zum Problem der Drogen- und Alkoholabhängigkeiten. Blaukreuz-Verlag, Bern. 1982

DER SENATOR FÜR GESUNDHEIT UND UMWELT-SCHUTZ BERLIN: Besser verstehen – richtig handeln. Ihr Partner ist Alkoholiker. Referat Presse- und Öffentlichkeitsarbeit: An der Urania 12-14, 1000 Berlin-30, Dezember 1979

DOWLING, C.: Der Cinderella-Komplex. Die heimliche Angst der Frauen vor der Unabhängigkeit. S. Fischer Verlag, Frankfurt. 1982

EICHENBAUM, L. / ORBACH, S.: Feministische Psychotherapie. Auf der Suche nach einem neuen Selbstverständnis der Frau. Kösel Verlag, München. 1984

FALLADA, H.: Der Trinker. Rowohlt Taschenbuchverlag GmbH, Reinbek bei Hamburg. 1959

FEUERLEIN, W.: Alkoholismus – Mißbrauch und Abhängigkeit. Entstehung-Folgen-Therapie. Georg Thieme Verlag, Stuttgart. 1984

FEUERLEIN, W. / DITTMAR, F.: Wenn Alkohol zum Problem wird. Ein Ratgeber für Betroffene und Interessierte. Georg Thieme Verlag, Stuttgart. 1982

GODDENTHOW (Hrsg.): Alles fängt so harmlos an. Herder Verlag, Stuttgart. 1988

GROHALL, K.-H.: Alkoholismus und Selbsthilfe. Klett-Verlag, Stuttgart. 1982

HARSCH, H.: Alkoholismus. Schritte zur Hilfe für Abhängige und Fremde. Kaiser Verlag, München. 1979

HEINIGER: Schritte für Angehörige eines Suchtmittel-Abhängigen. Faltblatt. Blaukreuz-Verlag, Bern. 1988

HERHAUS, E.: Kapitulation. Aufgang einer Krankheit. Carl Hanser Verlag, München – Wien. 1977

HOECKER, K.: Zwischen Abhängigkeit und Aufbruch. Frauen und Alkohol. Fischer Verlag, Frankfurt/M. 1989

KENT RUSH, A.: Ein Therapiehandbuch für Frauen. Verlag Frauenoffensive, München. 1977

KOERKEL, J. (Hrsg.): Der Rückfall des Suchtkranken. Flucht in die Sucht? Springer Verlag, Berlin-Heidelberg. 1988

KRÄMER, H.: Helft mir – meine Eltern trinken. Neuland Verlagsgesellschaft mbH, Hamburg. 1980

LASK: Der Kuß der Selene. Frauen von Alkoholabhängigen machen Mut. Blaukreuz-Verlag, Bern. 1988

LONDON, J.: König Alkohol. Deutscher Taschenbuchverlag GmbH & Co. KG, München. 1973

MERFERT-DIETE, C. / SOLTAU, R. (Hrsg.): Frauen und Sucht. Die alltägliche Verstrickung in Abhängigkeit. Rowohlt Taschenbuch Verlag GmbH. Reinbek bei Hamburg. 1984

MOELLER, M. L.: Selbsthilfegruppe. Rowohlt Verlag, Reinbek bei Hamburg. 1978

NEUENDORFF, S.-L / SCHIEL, J.: Al-Anon – Selbsthilfe für Angehörige von Alkoholkranken. Fischer Taschenbuch Verlag, Frankfurt/M. 1985

NEUENDORFF, S.-L. / SCHIEL, J.: Die Anonymen Alkoholiker. Portrait einer Selbsthilfeorganisation. Beltz Verlag, Weinheim und Basel. 1982

PEYTON, C. / HOLEWA, M. (Hrsg.): Psychosoziale Versorgung von Frauen. Hofgarten Verlag, Berlin. 1983

ROLLIN, M. / KLENKE, H.: Schwankendes Glück. Das Buch zum Thema Alkohol. Rowohlt Taschenbuch Verlag GmbH, Reinbek bei Hamburg. 1984

SANDMANN: Merkblatt für Angehörige Alkoholkranker. Was ein Angehöriger wissen sollte. Faltblatt. Blaukreuz-Verlag, Bern. 1988

STEINBRECHER, W. / SOLMS, H.: Sucht und Mißbrauch. Körperliche und psychische Gewöhnung sowie Abhängigkeit von Drogen, Medikamenten und Alkohol. Georg Thieme Verlag, Stuttgart. 1975

TEEGEN, F.: Ganzheitliche Gesundheit. Rowohlt Verlag, Reinbek bei Hamburg. 1983

WERNER, A.: Wege weg vom Alkohol. Econ Taschenbuchverlag GmbH, Düsseldorf. 1985

KONTAKTADRESSEN

Über die regionalen Hilfsangebote weiß jede Telefonseelsorge (bundesweite Tel. Nr.: 111 01) bescheid, ein Anruf genügt. Außerdem können Angehörige jede Beratungsstelle für Alkohol-,Medikamenten- und Drogenabhängige aufsuchen. In den örtlichen Tageszeitungen sind regelmäßige Treffen der am Ort stattfindenden Selbsthilfegruppen ausgedruckt. Inzwischen bietet jede Shg-Organisation auch Angehörigengruppen an. Zusätzlich haben viele Gesundheitsämter in den einzelnen Städten und Gemeinden der Bundesrepublik Beratungsangebote und Gruppentreffen für Angehörige von Suchtmittelabhängigen eingerichtet. Außerdem bieten folgende Adressen Information über die Suchterkrankungen und regionale Hilfsangebote für Betroffene und Angehörige:

Deutsche Hauptstelle gegen die Suchtgefahren e. V. (DHS) Westring 2, W-4700 Hamm / Westfalen, Tel. 0 23 81 / 2 58 55 oder 2 52 69

Bundeszentrale für gesundheitliche Aufklärung (BzgA) Ostmerheimer Str. 200, Postfach 93 01 03, W-5000 Köln-91, Tel. 02 21 / 8 99 21

Landesstellen gegen die Suchtgefahren:

Landesstelle gegen die Suchtgefahren in Baden-Württemberg der Liga der freien Wohlfahrtspflege Augustenst. 63, W-7000 Stuttgart-1, Tel. 07 11 / 6 19 67-0

Badischer Landesverband gegen die Suchtgefahren e. V. Renchtalst. 14, W-7592 Renchen, Tel. 0 78 43 / 70 30

Bayerische Landesstelle gegen die Suchtgefahren e. V. Lessingstr. 1 W-8000 München-2, Tel. 0 89 / 53 65 15

Landesstelle Berlin gegen die Suchtgefahren e. V. Gierkezeile 39, W-1000 Berlin, Tel. 0 30 / 3 48 00 90

Brandenburgische Landesstelle gegen die Suchtgefahren Gartenstraße 71, O-1550 Nauen, Tel. (00 37 3 26)* 00 33 21 / 3 32 07

Bremische Landesstelle gegen die Suchtgefahren e. V. Abbentorstr. 5, W-2800 Bremen-1, Tel. 04 21/70 25 11

Hamburgische Landesstelle gegen die Suchtgefahren e. V. Brennerstr. W-2000 Hamburg-1, Tel. 0 40/2 80 38 11

Hessische Landesstelle gegen die Suchtgefahren e. V. Metzlerstr. 34, W-6000 Frankfurt/Main-70, Tel. 0 69/61 60 92

Landesstelle gegen die Suchtgefahren Mecklenburg-Vorpommern e. V. c/o Evangelische Stadtmission, Apothekerstr. 41, O-2757 Schwerin, Tel. (00 37 84)* 03 85/86 14 60

Niedersächsische Landesstelle gegen die Suchtgefahren e. V. Leisewitzerstr. 26, W-3000 Hannover-1, Tel. 05 11/85 20 68

Landesstelle gegen die Suchtgefahren Rheinland/Pfalz c/o Diözesenverband Trier, Referat Gefährdetenhilfe, Sichelstr. 10–12, W-5500 Trier, Tel. 06 51/71 93/-58

Saarländische Landesstelle gegen die Suchtgefahren e. V. Karcherstr. 14, W-6600 Saarbrücken 3, Tel. 06 81/3 67 60

Sächsische Landesstelle gegen die Suchtgefahren Rolf-Helm-Str. 1, O-Radebeul

Landesstelle gegen die Suchtgefahren für Schleswig-Holstein e. V. Schauenburger Str. 36, W-2300 Kiel, Tel. 04 31/56 47 70

Landesstelle gegen die Suchtgefahren in Thüringen Wilhelm-Külz-Str. 33, O-5010 Erfurt, Tel. (00 37 61)* 03 61/2 69 09

Westfälische Arbeitsgemeinschaft gegen die Suchtgefahren Friesenring 34, W-4400 Münster, Tel. 02 51/2 70 91

* alte Vorwahlnummer

FRAUEN

Monika Helfer
*Ich lieb Dich
überhaupt nicht mehr*
Roman

1343

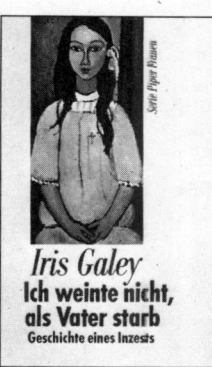

Iris Galey
**Ich weinte nicht,
als Vater starb**
Geschichte eines Inzests

1476

*Das Geschlecht
der Engel*
Gedichte von Else Lasker-Schüler
bis Barbara Maria Kloos

1511

Franziska Stalmann
**Die Schule macht
die Mädchen dumm**
Die Probleme mit der Koedukation

1323

Barbara Yuridas
*Muttermord
in Ephesos*
Roman

1259

Sibylle Mulot
*Einen Mann
für sich allein*
Roman

1508

FRAUEN

.Michèle Fitoussi
**Zum Teufel
mit der Superfrau**
Die Sucht nach Perfektion

1203

Jane Lazarre
Der Mutterschaftswahn
Eine junge Frau erzählt

1198

Sibylle Plogstedt
Niemandstochter
Auf der Suche nach dem Vater

1330

Elisabeth Badinter
Die Mutterliebe
Geschichte eines Gefühls
vom 17. Jahrhundert
bis heute

1491

Valerie Curran
Susan Golombok
Bunte Pillen – Ade!
Wege aus der Sucht

Serie Piper Frauen

1387

Shere Hite
Kate Colleran
**Keinen Mann
um jeden Preis**

1226